Interviews mit dem Grauen

Alexander Fitzek

Alexander Fitzek

Interviews mit dem Grauen

Auge in Auge mit Mördern, Vergewaltigern, Kinderschändern

Reale Fälle aus Tätersicht

Autobiografie

Herausgeber: Verlag DeBehr, Radeberg
Erstauflage: 2018
ISBN: 9783957535788

Vorwort

Haben Sie schon einmal einen Menschen in die kalten Augen geschaut, während er erzählte, wie er jemanden tötete? Saßen Sie schon einmal einem Vergewaltiger gegenüber, der erzählte, wie es war? Diskutierten Sie schon einmal mit einem Kinderschänder, der Ihnen erzählte, dass er es immer wieder tun würde?

Ich wollte niemals ein Buch schreiben, weil ich nie vorhatte ins Gefängnis zu gehen, aber meine Erlebnisse mit anderen Inhaftierten zwangen mich förmlich, alles niederzuschreiben, bevor die Zeit all meine schrecklichen Eindrücke Stück für Stück aus meiner Erinnerung löschen konnte.

Mörder, Kinderschänder, Drogendealer und Vergewaltiger erzählten mir während meiner Haftzeit von acht Jahren, ohne von einem Staatsanwalt befragt, einem Rechtsanwalt zurückgehalten oder einem Richter verurteilt zu werden, von ihren schrecklichen Taten mit Details, die selbst das Gericht an 30, 50 oder sogar 100 Verhandlungstagen nicht ans Tageslicht bringen konnte. Ich aß, trank, lachte und weinte mit ihnen. Sie erzählten mir, wen sie liebten, wen sie hassten und am liebsten unter die Erde bringen würden, was sie wann vorhatten, um jemandem zu schaden. Dass Menschen so tiefgründig schlecht sein würden, aber dennoch so aussahen, als könnten sie niemandem etwas zuleide tun, das lernte ich hier. Wie in einer großen Familie erzählten sie mir alles, erschreckend und brutal, aber ehrlich und direkt, ohne zu wissen, dass ihre schrecklichen Taten in einem Buch des Schreckens für die Ewigkeit festgehalten würden.

Warum tut ein Mensch das, was er tut, was treibt ihn dazu, jemanden zu verletzen? Seit Hunderten von Jahren forschen Wissenschaftler nach dem Urtrieb eines Kriminellen, jedoch ohne ein Ergebnis. Meine neunjährige Haftzeit brachte mich oft an den Rand meiner Kräfte, denn die Taten, die mir erzählt wurden, raubten mir Stück für Stück meine Kräfte. Aber ich hatte die einmalige Chance, die kein Wissenschaftler, Reporter, Psychologe oder Kriminalbeamter hatte, den Kriminellen in den Kopf zu schauen, mit ihnen zu diskutieren und zu streiten, immer mit der Angst im Kopf, das sie mich verletzen könnten. Aber für sie war ich einer von ihnen. Das war meine Chance – und die wollte ich nutzen. Nie wieder würde einer wieder diese Chance bekommen. Kriminelle öffnen sich nur jemandem ihresgleichen, ohne die Angst zu haben, noch einmal verurteilt zu werden. Dies ist ein Buch, das Sie erschüttern wird. Erschreckend und brutal, aber ehrlich.

Ich erinnere mich, wie es war, als ich zum ersten Mal das Gefängnis sah. Durch das Drahtgeflecht am Fenster des Polizeitransporters, in dem ich vom Gericht herübergefahren wurde, konnte ich die Umrisse erkennen. Es war Winter. Mitten in der Nacht. Es war stockdunkel oder es wäre stockdunkel gewesen. Aber stattdessen war überall Licht, außer in mir. Glänzende weiße Lampen ergossen ihren grellen Schein auf die geteerten, nassen Straßen, als der Transporter am Tor hielt. Jetzt konnte ich hinausschauen. Ich stand auf, um besser sehen zu können, aber der Beamte zog an der Kette, mit der ich am Handgelenk angekettet war. Ich hatte versucht, mich nicht direkt neben die vielen Drogensüchtigen zu setzen, einen Abstand zwischen den Jogginganzügen und Turnschuhen der anderen zu lassen, hatte versucht, den Rauch ihrer Zigarette, die in ihren Mundwinkeln oder zwischen den tätowierten Finger hingen, von meiner Nase und meinen Augen fernzuhalten. Aber zum ersten Mal in meinen Leben gab es keinen Abstand zwischen anderen Menschen, die ich nicht mochte, und mir. Zum ersten Mal hatte ich keine Gewalt über mein Leben, über die Situation hier. Die Staatsgewalt hatte meine Person übernommen. Und dann fuhr der Wagen weiter durch das hohe Eisentor, vorbei an dem ersten gewaltigen Steingebäude, das wie eine Kirche aussah, vorbei an einer Ansammlung von Containern, auf den Metallkasten zu, der den Eingang umgab.

In Fesseln und einem sehr schlechten Zustand nahmen mir die Beamten meine Kleider ab. Ich musste mich nackt auf einen Spiegel stellen. Die Beamten begutachteten mich wie ein Stück Vieh und machten nebenbei ihre Scherze. Hier blieb die Menschenwürde völlig auf der Strecke. Ich bekam einen alten Jogginganzug, der schon auseinanderfiel und stank, dann wurde ich in eine Einzelzelle gesteckt und eingeschlossen. Die Zelle war dreckig, das Fenster bestand aus einer kleinen Luke, so groß wie ein Karton. Ein altes Bett und ein Regal schmückten die Zelle, die aus acht Quadratmetern bestand. Die Möbel waren so alt, dass selbst der ärmste Mensch in Deutschland diese Möbel nicht nutzen würde. Eine alte gammelige Toilette befand sich in der Ecke. Der Deckel war zerbrochen und total verdreckt. Unhygienisch und menschenunwürdig. Kein vernünftiger Mensch würde in dieser Zelle Unterschlumpf suchen. Im Vergleich dazu lebte jeder Obdachlose in stabilen Verhältnissen, denn von denen musste keiner befürchten, von einem lockeren Stück Zimmerdecke erschlagen zu werden, es sei denn, der Himmel stürzte ein. Das hier war keine Zelle, es war ein Rattenloch, um es mal freundlich auszudrücken. In Wahrheit könnte man es nach eingehender Renovierung in die Reihe der Rattenlöcher einreihen. Keine anständige Ratte würde sich hier erwischen lassen, nicht einmal tot. Aber hier mussten ja keine Ratten dahinvegetieren, sondern Menschen, die für die Bevölkerung und die Justiz nur eine Nummer waren. Meine Beine an meine Brust gezogen, meine Hände darum gelegt, schaute ich mit weit aufgerissenen Augen an die Wand und dachte nach. Was war passiert? Ich wusste es nicht. Aber ich sollte für etwas bestraft werden, was ich nicht getan hatte. Morgen würden sie mich freilassen, beruhigte ich mich selber. Sobald es hell wird, würde ich ihnen sagen, dass alles ein Irrtum war. Ich hämmerte an die Tür und rief laut. Aber niemand kam und ich konnte nichts sehen, außer dem Lichtpunkt des Spions, der plötzlich erschien. Alle fünfzehn Minuten in der ersten Nacht. Dann fingen meine Tränen an zu fließen und ich spürte das Salz auf meinen Lippen und die Hoffnungslosigkeit in mir.

Im Inneren der U-Haft, die ca. 1846 gebaut wurde, sah es aus wie in allen anderen Haftanstalten. Gebohnerte Flure, blaugrün gestrichene Wände und Decken, vergitterte Durchgänge, wo sonst Türen waren, nur das hier alles ein bisschen älter war. Über drei Etagen verteilte sich die Anstalt. In der Mitte waren die Abteilungen mit einer Glasfront getrennt. Diese Maßnahme erlaubte es wiederum, Täter voneinander zu trennen. Die Zellen waren alt und marode. Sehr kleine Fenster ließen es zu, dass nur ein kleines Lüftchen den Weg in die Zelle fand. Die sanitären Anlagen waren veraltet und defekt mit alten verrosteten Waschbecken aus Stahl. Von den Betonwänden und Decken fiel der Sand, der sich in den Haaren einnistete und für Krankheiten sorgte. Viele Menschen, die verhaftet wurden und sich lange Zeit in der Haft befanden, fingen nach ihrer Entlassung eine Verbrecherkarriere an, denn die Haft erzog sie zu potenziellen Straftätern, die im Knast bessere Verbindungen hatten und hinterher diese Verbindungen nutzten. Es gab nichts, was es nicht gab. Jede Art von Kontakten zu Zuhältern, die Frauen über die Grenze schafften, Drogen im großen Stil, die angeboten wurden, und Personen, die für Geld sogar jemanden um die Ecke brachten. Wenn man wollte, konnte man hier alles lernen, alles Negative. Wie man am besten betrog, Millionenbeträge von einem Konto auf das andere quer durch die Welt schaffen konnte, ohne eine Spur zu hinterlassen. In welchem Land und wo genau es Heroin, Kokain und andere Rauschmittel zu günstigen Preisen gab und sogar, wie man das Finanzamt um große Summen erleichtern konnte. Das volle Programm.

Es war erstaunlich, wenn ich zurückdachte, wie der Mensch sich an das Metall gewöhnen musste. Es war überall Stahl, nahm ich an. Eine formlose Ehe zwischen Eisen und Kohlenstoff, das wusste ich. Es ließ sich zu verschiedenen Härtegraden verarbeiten. Ein Material, das nicht rostete. Das auch schön war, wenn es zusammen mit Glas so verwendet wurde, um Paläste aus Licht und Raum zu schaffen. Aber hier an diesem Ort, wo dem Menschen das Leben genommen wurde, war es vernichtend. Es war auch erstaunlich, wie ich mich an all die harten Oberflächen gewöhnt hatte, die Gitter an den Fenstern, die geraden Stühle, die dicken Holztüren, deren einziger Schmuck aus dem Schloss und dem Spion bestand. Ein steifes Stück Pappe, das außen in der Zellentür steckte, sagte etwas über den Gefangenen aus. Darauf standen der Name, die Nummer und die Religion. Über das Verbrechen und das Strafmaß stand nichts darauf.

Wochen und Monate vergingen. Ich fragte mich, wie es draußen war, hinter den Steinmauern, die alles umschlossen und selbst die leuchtenden Farben verschluckten. Lag morgens viel Tau auf dem Gras, mussten die Menschen draußen das Eis von ihren Windschutzscheiben kratzen. Völlig normale Bedürfnisse des Menschen wurden zu Fragen. Ich war zum ersten Mal in Haft, nicht so wie viele andere, die alle paar Monate rein und raus gingen. Das Gefängnis war die Wohnung vieler Gefangener. Für sie war es eine Erholung und eine Flucht vor ihrer Verantwortung und den Anforderungen, denen sie außerhalb nicht gewachsen waren. Eine Chance sich auszuruhen, 23 Stunden zu schlafen, Drogen zu konsumieren, Kontakte zu schließen, um dort weiterzumachen, wo sie aufgehört hatten.

Die Anstalt war wie ein Schlaraffenland der verbotenen Dinge. Waffen, Drogen, Tabletten und andere Dinge wechselten den Besitzer vor den Augen der Justiz. Ich fing an, mir Notizen zu machen, ohne zu wissen, dass daraus ein Buch entstehen würde. Es war faszinierend und erschreckend zugleich, was hier für Menschen waren, die sich mit ihren Taten schmückten. Auch wie die Gefangenen hier behandelt wurden, entsprach nicht dem Bild eines Rechtsstaates.

Es war ein regnerischer Tag, als ich meine Anklage bekam. Mir wurde übel und mein Puls stieg in die Höhe, als ich sie öffnete. Wie konnte ich auch nur daran zweifeln, dass der Staatsanwalt die Anklageschrift mir nicht in den zulässigen sechs Monaten zustellen würde, denn so schrieb es das Gesetz vor. Ich las die Anklage durch und konnte herauslesen, dass ich belastet wurde, weil ich am Tatort war und mitgewirkt haben sollte. Es war nicht so, aber das würden die Verhandlungen schon beweisen, hoffte ich.

Am nächsten Tag kam mein Rechtsanwalt zu mir. Er war ein breitschultriger Mann, etwa

50 Jahre alt mit kurzem grauen Haar und einem runden netten Gesicht. Er trug einen auffallenden italienischen Anzug, der für ihn passend zurechtgeschnitten war. Er sah aus wie die modischen Statuen ähnlichen Fotomodelle in den Zeitschriften mit charakteristischen Gesichtszügen. Er hatte einen eleganten Anzug in eine Rüstung verwandelt. In den weißen Manschetten seines Hemdes waren seinen Initialen eingestickt. Er hatte den ruhigen Blick eines Professors, und wenn er sprach, war es so, als wenn er ein Märchen vorlas, ruhig und gelassen. Er bewegte sich langsam und gemütlich, nicht wie viele andere Rechtsanwälte. Man erzählte, dass er eine Kapazität auf seinem Gebiet sein sollte. Gerade war er aus Südfrankreich zurückgekehrt, wo er surfen war, daher auch seine gute braun gebrannte Laune. Er erzählte, dass es einen Zeugen gab, der etwas gesehen haben soll, obwohl er nach Aussagen der Polizei angetrunken gewesen sein sollte. Es wurde ihm kein Blut abgenommen, obwohl die Polizisten wussten, dass der Zeuge Alkohol konsumiert hatte. Wenn dieser Zeuge vor Gericht unglaubwürdig erscheinen würde, gäbe es keinen Grund, mich länger festzuhalten. Ich freute mich, aber leider viel zu früh, wie ich noch schmerzlich spüren sollte. Es war traurig, dass ein besoffener Zeuge in einem Mordfall vor Gericht zugelassen wurde. Mein Anwalt erzählte mir nebenbei, dass es viele Anzeigen von Häftlingen gegen die Anstalt geben würde, die sich unmenschlich behandelt fühlten. Ich sollte vorsichtig sein und mich ruhig verhalten. Was er damit meinte, sollte ich in meiner langen Zeit in der U-Haft am eigenen Leibe spüren. Ich saß in einem Kino und es lief ein Film, der niemals enden sollte.

Vinnie war 33 Jahre alt, einen Tag hier und ich weiß immer noch nicht warum. Ein bisschen komisch war er schon. Es ging das Gerücht herum, dass er nicht ganz dicht war. Mehr als seine Intelligenz fiel vor allem etwas anderes auf. Er war bandagiert an den Händen, Armen und im Gesicht. Als ich in der Küche mit anderen kochen wollte, kam auch Vinnie dazu. Er wedelte mit seiner Mumienklaue in der Luft. Ich sah ihn entsetzt an. Er bot einen furchterregenden Anblick, während er mit typischen ruckartigen, steifen Bewegungen, die er sich wie jede Mumie erst antrainieren musste, durch die Küche stampfte. Beim Gehen spielte er an seiner Nase. Einige hatten Angst vor Vinnie. Er sah gruselig aus. Niemand wusste, was sich unter dem Verband verbarg, und es wollte niemand nachschauen. Und als würden die optischen Effekte nicht reichen, wurde deutlich, dass Vinnie bestenfalls einigermaßen durcheinander war, stinksauer, durchgedreht, aus dem Gleichgewicht gebracht, mental nicht ganz auf der Höhe. Die Stimmung in der Küche war gedrückt, angsterfüllt und finster. Dahinter lauerte das Chaos. Doch bevor das Chaos losbrach, kam ein Beamter und sagte Vinnie, er müsse zurück in das Lazarett, weil sie ihn verwechselt hätten. Gott sei Dank, dachten sich alle. Hinterher erfuhren wir, dass er in eine Nervenheilanstalt gebracht wurde, weil er sein Haus angesteckt hätte und drinnen saß, bis er fast verbrannt war. Da hatten wir ja Glück gehabt, dass er nicht die Anstalt angezündet hatte.

Viele komische Nebendarsteller hat dieses Buch, aber alle sind interessant. Nicht einmal beim offenen Casting, in dem Deutschland immer wieder Köche, Superstars, Frauen und die dicksten Menschen sucht, hätte ich solche guten Nebendarsteller gefunden. Einer der Nebendarsteller meiner unendlichen Geschichte ist T-Boone, jedenfalls nannten sie ihn so, einen drahtigen Nigerianer aus Oldenburg, der wegen Drogenhandels im großen Stil verhaftet wurde. Seinen richtigen Namen konnte niemand aussprechen. Er war auf nicht ganz geklärte Weise zu einem Handy gekommen, was ja hier nichts Schwieriges war. Obwohl sie streng verboten waren, florierte das Geschäft mit den Handys. Es ging das Gerücht herum, dass er es von einem Beamten hätte. Die wenigen, die es zu Gesicht bekommen hatten, beschrieben es als etwa so groß wie eine Stoppuhr. Ich sah T-Boone in dunklen Ecken, wo er der Welt den Rücken zukehrend, gebeugt und das Kinn auf die Brust drückend in sein Handy murmelte. Als ich mal in der Freistunde mit ihm meine Runden drehte, steckte er das Handy in seine Tasche, stöpselte den Kopfhörer in sein Ohr, zog die Kapuze über die Ohren und steuerte seine Geschäfte weiter. Am nächsten Tag war das Handy mit einem mal verschwunden, aus seiner Zelle gestohlen. T-Boone ließ eine Nachricht herumgehen, dass er denjenigen umbringen würde. Nur Stunden später war das Handy wieder in seiner Zelle. Das war das wahre Leben in dieser Haftanstalt.

Es war Mittwoch und mein Rechtsanwalt kam zur Besprechung. Angesetzt waren sechs Gerichtstermine. Ich hoffte natürlich, schon früher entlassen zu werden. Ich wusste, dass das Gericht immer mehr Termine vergab als es benötigte, um noch Luft nach oben zu haben und nicht in Zeitdruck zu geraten. Frau B. öffnete meine Zelle und brachte mich hinunter. Sie war groß und wirkte maskulin. Bei der Statur fühlte ich mich total unterlegen. Sie führte mich ins andere Gebäude. In einem fensterlosen Raum übergab sie mich einem grimmigen Beamten, der jede einzelne Falte an meinem Körper mit flinken Fingern abtastete. Die Maßnahme war erforderlich, nachdem ein Häftling mit einem Messer seinen Anwalt als Geisel nahm, um zu fliehen, was natürlich nicht gelang. Ich sagte, dass es mein Rechtsanwalt sei, was mir fast einen Kinnhaken einbrachte. Nachdem ich gründlich überprüft und für ungefährlich befunden wurde, führte man mich durch einen kurzen Gang in einen kahlen, kleinen Raum, der stark an eine Gummizelle erinnerte und bis auf die Glasscheibe in der einzigen Tür fensterlos war. „Wir werden sie beobachten“, sagte der Beamte. „Was erwarten Sie zu sehen?“, erwiderte ich. Die Frage trug mir einen wütenden Blick ein und ich fürchtete, er würde handgreiflich werden. Mitten im Raum stand ein quadratischer Tisch mit einem Stuhl auf jeder Seite. „Setzen Sie sich!“, befahl der Beamte und ich nahm folgsam den mir zugewiesenen Platz ein. Mit dem Rücken zur Tür sitzend starrte ich zehn Minuten lang die Wand an. Schließlich öffnete sich die Tür und mein Rechtsanwalt trat ein. Er begrüßte mich, setzte sich mir gegenüber nieder und faltete die Hände auf dem Tisch, als wäre es Zeit für eine Meditation. Sein Haar war abrasiert, bis auf ein paar Millimeter, die an das Militär erinnerte. Er war sauber rasiert und schien ein paar Kilo abgenommen zu haben. Das weite, geknöpfte Hemd in dunklem Oliv wirkte mit dem schmalen Kragen und den beiden großen Taschen fast militärisch. Ich eröffnete das Gespräch: „Scheint ein Trainingslager für Rechtsanwälte zu geben?“ Er lächelte und sagte: „Wollte mich nur anpassen und nicht so auffallen.“ Mein Rechtsanwalt war aus einer der bekanntesten Kanzleien und er war eine Kapazität bei Kapitaldelikten, Mord und Totschlag. Ich war froh, dass ich keinen Pflichtverteidiger hatte, die sich kaum Mühe gaben, weil sie zu wenig verdienten.

In unserer Stadt gab es sehr viele Rechtsanwälte, von denen viele für große Kanzleien arbeiteten. Das waren reiche und mächtige Büros, die die hellsten Köpfe der Branche von der Uni an verfolgten und mit sehr guten Angeboten in die Kanzlei holten. Einige Pflichtverteidiger glaubten, mit großem Eifer die Armen und Unterdrückten verteidigen zu müssen. Für sie war dieser Job kein Sprungbrett für eine aussichtsreiche Karriere. Ungeachtet des miserablen Gehalts, das sie vom Staat bekamen, blühten sie förmlich auf, wenn sie daran dachten, dass ihre Arbeit immerhin mit einer gewissen Unabhängigkeit verbunden war. Außerdem verschaffte es ihnen innere Befriedigung, ihre schützende Hand über den Mandanten zu halten. Andere Pflichtverteidiger sahen diesen Job als Übergangslösung, als harte Grundlagentechnik, die für den späteren Karrieresprung nötig war. Wollte man die Stufen des Erfolgs erklimmen, musste man diese Schule eben durchstehen und sich dabei die Hände schmutzig machen, und das für wenig Geld, was viele auch dafür nutzten, einfach wenig zu tun, eben so viel, was man für kleines Geld tun würde. Eines Tages würde sich der Lohn dieser harten Fronarbeit schon einstellen und zwar in Form einer lukrativen Einstellung in einer Kanzlei mit Zukunft. Eine unerschöpfliche praktische Erfahrung mit Prozessen, das Wissen um den Umgang mit Richtern, den Polizisten, die Bewältigung härtester Arbeitsbelastung und der geschickte Umgang mit schwierigen Mandaten, dies waren nur einige der Pluspunkte, die ein Pflichtverteidiger bereits nach ein paar Jahren gesammelt hatte. Es heißt, dass der Staat auch Top-Anwälte für eine festgelegte Anzahl von Fällen als Pflichtverteidiger auftreten lassen kann. Nun denn, so genau kannte ich mich nicht aus.

Es war Donnerstag. Ich hatte das Radio laut gedreht und alle Fenster aufgerissen, obwohl es draußen regnete und es ziemlich frisch war. Die frische Luft tat mir gut und gab mir Kraft. In der Freistunde nahm ich mir vor zu kochen. Nudeln mit Thunfischsauce. Meine Vorbereitung lief gut. Ich schnitt die Zwiebeln in peinlich kleine Stücke, dann ein paar scharfe Paprika, Knoblauch, Tomatenmark und Champignons.

Es war 15.30 Uhr, als die Tür aufging und meine Zellenkollegen von der Arbeit kamen. Ich griff mir meinen Topf und alles, was ich benötigte, als plötzlich der Beamte mir den Weg versperrte und mir ins Gesicht lächelte. „Sorry, aber wir haben nicht genug Personal, deswegen gibt es nur die Freistunde draußen. Gekocht wird heute nicht. Raus oder Einschluss“, gab er mir zu verstehen. „Was ist mit kochen und duschen?“ Ich wies ihn darauf hin, dass es draußen in Strömen regnete. „Rein oder raus!“, schrie er mich an. Mit meiner Jacke in der Hand ging ich mit den anderen auf den Hof, wo es stark regnete. Wir stellten uns an den Eingang. Der Beamte aber saß in seiner Beobachtungszelle – mit Heizung und im Trockenen. Wir regten uns auf, doch es brachte nichts. Der Beamte wusste wohl nichts von dem Gesetz, das der Gefangene vor Nässe und Kälte zu schützen ist. Wir waren 23 Stunden eingesperrt und nun das. Kein Wunder, dass viele Gefangene durchdrehten, wenn man sie wie Tiere einsperrte und ihre Rechte mit Füßen trat. Nach 20 Minuten waren wir so durchnässt, dass wir freiwillig wieder hineingingen. Obwohl jedem Gefangenen, egal in welcher Notlage auch die Anstalt war, eine

Stunde Hofgang zustand, wurden wir wieder eingeschlossen. Und das war nicht das erste Mal.

Es wurde Nacht. Ich stand vor dem Fenster und schaute hinaus. Im schwachen Licht blitzten ihre Augen golden und rot. Ich konnte gerade eben die Umrisse ihrer Körper sehen. Es waren große Ratten mit glänzendem Fell und langen Schwänzen. Ich beobachtete sie, es schien so, als wenn auch sie mich anstarrten, oder war es nur die Einbildung und das Nachlassen einiger Gehirnzellen hier drinnen, die einen paranoid machen konnten. Aber dass es hier ein Rattenproblem gab, wussten alle. Weil die Gefangenen Lebensmittel aus den Fenstern schmissen, um die Vögel zu füttern, vermehrten sie sich. Ich war müde und ging schlafen.

Am nächsten Morgen hörte ich die Vögel singen, dann spürte ich die kühle Luft auf meiner Haut. Ich fasste mich an den Kopf, tastete nach dem Schmerz, der in meiner linken Schläfe pochte. Meine Hand war geschwollen und extrem empfindlich. Wodurch war ich verletzt? Ich machte meine Augen auf, empfand plötzlich eine vage Angst. Wie konnte so etwas passiert sein? Ich überlegte fieberhaft, aber nichts war mir klar. Meine Erinnerungen an den Tag, der sich dem Ende neigte, hatten die bruchstückhafte Qualität von Erinnerungen an einen Traum. Es war wohl ein Tag großer körperlicher Anstrengungen gewesen, denn alles tat mir weh. Und mein Kopf erst. Vielleicht hatte ich eine Gehirnerschütterung? Aber wodurch? „Wie habe ich mich ausgezogen?“, murmelte ich vor mich hin, während ich versuchte, langsam aus dem Bett zu steigen. Der Raum schien sich zu drehen, der Boden schien sich wirklich zur Seite zu neigen. Der Schmerz in meinem Kopf war irgendwie von einer anderen Dimension. Ohne genau zu verstehen, warum, sank ich in die Hocke. Hatte ich einen Schlag bekommen oder einen Unfall gehabt? Was mich beschäftigte, war herauszufinden, was mir zugestoßen war. Eine Art verschwommenes Bild blitzte auf, ein Schleier wie ein Filmband, das abgespielt wurde. Aber dennoch nichts Klares. Ich hielt einen Waschlappen unter das kalte Wasser, legte ihn dann auf die eine Gesichtshälfte und sah, dass sich auf meiner Schläfe ein bedenklicher Bluterguss gebildet hatte. Ein wenig Wasser, um das verkrustete Blut abzuwischen, dann sah ich eine böse Prellung. Ein Unfall wie dieser musste geradezu eine Schockwelle durch das Gehirn geschickt haben. Kein Wunder, dass mein Gedächtnis ausgesetzt hatte. Ich fand einige Schmerztabletten und nahm drei davon, schluckte sie vorsichtig hinunter, wobei ich zu vermeiden versuchte, den Kopf zu bewegen. Gott, tat das weh. Ich stand da und starrte mein elendes Spiegelbild an und sagte im Stillen zu mir: „Was ist passiert?“ Langsam kamen meine Erinnerungen wieder zurück. Wir waren beim Sport, daher auch der Muskelkater. Nachts war ich aufgestanden, um etwas zu trinken, dabei stieß ich heftig gegen die Kante meines geöffneten Fensters. Dann legte ich mich wieder hin, ohne an die Konsequenzen zu denken. Und die Tabletten gaben mir den Rest.

Viele Monate gingen ins Land, bis endlich mein erster Verhandlungstag begann. Richter K. trat in den Verhandlungsraum und fing an zu erklären: „Meine Damen und Herren. Wir beginnen mit der Anklage und dem Eröffnungsplädoyer der Staatsanwaltschaft, die Verteidigung folgt. Die Eröffnungsplädoyers dienen dazu, Ihnen einen Überblick der Beweise zu verschaffen, die beide Seiten im Verlauf der Verhandlung vorlegen werden.“ Mit ernstem Blick fuhr er fort: „Wir unterscheiden zwei Arten von Beweismitteln. Einmal diejenigen, die aus Zeugenaussagen stammen, und zwar von Zeugen, die unter Eid stehen. Und dann jene, die aus Gegenständen bestehen, Gegenständen, die häufig als sogenannte Beweisstücke dienen.“ Einfache Beispiele waren etwa eine Waffe, die bei einer Ausführung ei-

nes Verbrechens benutzt wurde, DNA oder Blutspuren und Fingerabdrücke. Er stoppte und ließ den Blick durch den Saal schweifen. „Die Eröffnungsplädoyers der Anwälte gehören nicht zur Beweisaufnahme. Wir sind hier, um zu entscheiden, ob die in diesen Fall vorliegenden Indizien oder Beweise über jeden Zweifel hinaus beweisen, dass der Angeklagte getan hat, was ihm die Anklage vorwirft. Das Recht besteht darauf, und zwar mit Recht, niemanden allein aufgrund einer Aussage zu verurteilen. Das Gesetz fordert zusätzliche Indizien und Beweise, erstens, dass die Tat tatsächlich verübt wurde, und zweitens, dass zweifellos der Angeklagte daran beteiligt war. Wenn Zweifel bestehen, so werden wir für den Angeklagten entscheiden." Er beendete seine Ansprache und überließ die Bühne dem Staatsanwalt und meinem Verteidiger. Niemand wollte die beiden Eröffnungsplädoyers verpassen, in denen jede Partei vorbringen würde, was sie glaubt beweisen oder mit Sicherheit widerlegen zu können. Mein Gerichtsmarathon begann. Er war auf sechs Tage angesetzt, aber wie schnell so etwas eskalieren konnte, sollte ich am eigenen Leibe spüren.

Es war eine von zig Freistunden und wir wurden aufgeschlossen, wie wild gewordene Löwen, die in die Manege einmarschierten, bewegten sich die Gefangenen auf den Fluren, immer mit dem Blick für die Gelegenheit Drogengeschäfte abzuwickeln. Ich stand mit mehreren am Geländer und schaute mich um, als ein Libanese und ein Schwarzer zu streiten begangen. Mahmut war ein stämmig gebauter Mann. Einsachtzig groß, vielleicht etwas darüber, mit glattem schwarzem Haar, kurz geschnitten und links gescheitelt dazu, tief liegenden Augen und hohen Wangenknochen. Er benahm sich cool und selbstsicher. Für seine 23 Jahre sah er ziemlich mitgenommen aus. Er saß wegen einer Messerstecherei hier. Abgesehen von einer teuer aussehenden Uhr entdeckte ich keinen Schmuck an ihm. Sein Gegenüber war Alex, ein dunkelhaariger 30-jähriger Mann wie ein Berg in dunkelbraunen Hosen, hellblauem Hemd und Lederschuhen mit weicher Gummisohle. Die Kleidung war sorgfältig ausgesucht. Nichts, woran sich jemand erinnern würde, außer an seine Statur von über zwei Metern Größe und seinen muskelbepackten Körper. Er war Afrikaner und kam aus Nigeria. Die beiden stritten sich um Drogen, die Mahmut an Alex verkauft hatte, und nun wollte er sein Geld. Alex erklärte Mahmut, dass er kein Geld hätte und dass er später bezahlen würde. Obwohl zwei Beamte nur ein paar Meter weiter standen, wurde der Streit heftiger. Die Beamten merkten, dass es gleich knallen würde, drehten sich aber vom Geschehen weg. Auch ich entfernte mich ein paar Meter wie andere Gefangene auch. Plötzlich schlug Mahmut dem Afrikaner in den Magen. Er stöhnte laut. Er war wie gelähmt. Die Beamten warfen einen Blick auf das Geschehen, drehten sich aber sogleich wieder weg. Sie wollten sich nicht einmischen und so nahm die Schlägerei ihren Lauf. Mahmut traf Alex am Kopf und der fing wie ein angeschlagener Boxer zu taumeln an. Er schrie, dass er nichts sehen konnte, und machte einen Satz nach hinten. Ich hörte das laute Krachen von Knorpeln in seiner Nase. Er fiel auf die Knie und schnaubte Blut. Sein muskulöser Körper half ihm nichts. „Wie fühlt sich das an?", schrie Mahmut Alex an. „Du solltest jemanden suchen, mit dem du das abziehen kannst." Alex schüttelte seinen Kopf, sein ganzes Gesicht war geschwollen. Sein Hemd blutbespritzt. Arme und Beine zitterten. Er konnte nicht aufstehen. Er versuchte es immer wieder, aber sein Körper wollte nicht. „Hast du jetzt genug, du Nigger", schnaufte er, „oder willst du noch mehr? Wann bekomme ich meine Kohle?", schrie Mahmut ihn an. Alex hustete und spuckte Blut. „Scheißkerl! Schau mal", rief jemand, „er heult."

„Will er zu seiner Mama?", stichelte ein anderer. Der Ring von Zuschauern löste sich auf.

Noch ein Blick vom Beamten und jetzt ging der Alarm los. „Manchmal muss man einfach abwarten, bis die Luft raus ist“, erklärte mir einer von ihnen. Und genau das taten sie. Zusehen, wie die Schlägerei ihren Lauf nahm und eskalierte. Dadurch nahmen die Vollzugsbeamten die Verletzung eines oder mehrerer Gefangener fahrlässig in Kauf. Willkommen in einer JVA in Deutschland.

Schon immer fragte ich mich, wenn ich alte Western sah, wo die Winchester 73 ihren Namen her hatte und warum sie so hieß. Das Schicksal sollte mir die Antwort geben, von einem Menschen, der jemanden hinrichtete und sein Leben zerstörte. Er erzählte mir, dass die Winchester ein Repetiergewehr sei, in das zwölf Kugeln hineinpassten. Sie sei im Jahre 1873 gebaut worden. Es war Herbert P., 55 Jahre alt. Er hatte lichtes Haar, seine Haut war spröde. Er war ziemlich mager, ja sogar schon unterernährt und beugte sich beim Gehen nach vorne. Er hätte nach seinem Aussehen schon 70 Jahre alt sein können. Die Zeit hatte an ihm gezehrt und sein Magenkrebs gab ihm den Rest. Das Leuchten war aus seinen Augen verschwunden. Weil er seine Bewährungsauflagen nicht erfüllte und umgezogen war, ohne es anzukündigen, wurde er verhaftet. Herbert P. war ein netter, ruhiger Mensch, der wenig sprach. Ich half ihm mit Tabak, Lebensmitteln, einem Radio und einem Wasserkocher aus. Wir waren Zellennachbarn, saßen zusammen und unterhielten uns oft. Ich war neugierig und fragte ihn, warum er verurteilt wurde. Er gab mir eine Antwort, die mich überraschte, trocken, ehrlich, ohne etwas zu verheimlichen. Er gab mir sein OK, dass ich seine Geschichte abdrucken darf.

„Es war im Jahr 1989", fing er an zu erzählen. Ein heißer Sommer brachte den Menschen gute Laune und den Eiscafés volle Kassen. Pärchen gingen spazieren, Kinder spielten auf dem Spielplatz, die Bäder waren voll, andere saßen im Schatten der Bäume. Alle Menschen waren glücklich … Fast alle.

Denn das Schicksal wollte es so, dass dieser Tag, der an ein Paradies erinnerte, einen Menschen das Leben kosten sollte. Herbert P. konnte seit Tagen nicht schlafen, denn seine Tochter erzählte ihm etwas Erschreckendes, was sein ganzes Leben verändern sollte. Sie vertraute ihm an, dass ein Bekannter sich an ihr vergangen hatte. Er überlegte lange, bis er seinen Freund darauf ansprach. Der Bekannte bestritt die Geschichte zuerst, aber gerade als Herbert P. ihm glauben wollte, gab er es zu. Er behauptete, sie sei schuld und hätte ihn verführt. Sie war 14 Jahre alt. Herbert P. ging auf ihn los und prügelte wild auf ihn ein. Irgendwann, es kam ihm vor wie Stunden, ließ er ihn blutend zurück. Tagelang dachte er darüber nach, dass das Leben seiner Tochter zerstört war. Er hatte Albträume und wachte nachts immer wieder verschwitzt auf. Immer und immer wieder missbrauchte der Täter seine Tochter in seinen Träumen. Er wäre beinahe verrückt geworden, erzählte er. Er stoppte, rührte Zucker in seinen Kaffee und sah mich mit Tränen in den Augen an. Ich konnte ihn verstehen, aber die Richter würden es nicht tun. Er schluckte und erzählte weiter. „Ich ..., ich musste etwas tun", flüsterte er, „sie war doch meine kleine Tochter." Das Schwein würde ein paar Jahre sitzen und nach einer Therapie wieder Jagd auf andere Kinder machen. Auf Gesetze kann sich niemand mehr verlassen. Er hatte es sich an dem Tag gut überlegt und kannte die Konsequenzen. „Es gab nur einen Weg, leider", sagte er. Er nahm einen großen Schluck aus seiner Tasse, steckte sich eine Zigarette an. Plötzlich stand er auf, ging in der Zelle auf und ab wie ein angeschossener Tiger. Ich konnte die Gedanken dieses Manns förmlich spüren, wartete ab und hörte ihm weiter zu. Nachdem er seine Tochter bei einer Freundin abgegeben hatte, ging er nach Hause und schaute in seine Waffenkammer, denn er war ein leidenschaftlicher Sammler, ein Waffennarr. Mehrere Revolver, verschiedene Messer und eine Winchester hatte er in seinem Schrank. Weil er nur für die Winchester Kugeln hatte, nahm er sie in die Hand und füllte sie mit nur einer Kugel. Gott würde entscheiden, ob eine Kugel ausreichte. Schließlich wickelte er die Winchester in ein Handtuch und ging los. „Ich wusste, wo dieses Schwein sich aufhielt, also ging ich los", sprach er. Als er das Lokal betrat, war der Laden gut gefüllt. Es war heiß. Der Ventilator an der Decke versuchte gegen die Hitze anzukommen, diesen Kampf verlor er jedoch. Menschen mit Klamotten in grellen Farben, kurzen Röcken und Bermudashorts saßen im Laden, unterhielten sich und kühlten sich bei Getränken mit großen Eiswürfeln. Herbert P. ging quer durch den Laden, setzte sich an den Tresen neben seinen Bekannten und bestellte sich einen Kaffee. Er ließ unauffällig das Handtuch von der Winchester rutschen, hob die Winchester hoch und legte sie an die Schläfe des Bekannten. Sekunden kamen ihm vor wie Stunden. Er hatte es sich gut überlegt. Dann ein lautes Krachen. Er hatte abgedrückt. Die Kugel ging durch den Kopf. Das Blut spritzte Herbert P. an die Kleidung und ins Gesicht. Panik füllte den Raum. Die Gäste liefen hinaus auf die Straße. Aber Herbert P. blieb sitzen und trank seinen Kaffee. Es war getan. Seine Tochter war gerächt. Er legte seine Winchester auf den Tresen und wartete auf die Polizei. Obwohl die Richter am Landgericht ihn zu verstehen glaubten, brauchten sie nicht lange, um ihn abzuurteilen. Nach nur sechs Verhandlungstagen bekam er lebenslänglich wegen Mordes. Er erzählte mir weiter, dass seine Tochter jetzt in der Türkei leben würde und glücklich verheiratet sei. „Sie ist immer noch meine kleine Tochter, mein Ein und Alles und ich würde jederzeit wieder so handeln." 19 Jahre hatte er nun abgesessen. Ja, es war schon erschreckend. Da stand ein Mensch vor mir, der fast sein halbes Leben im Gefängnis gesessen hatte, und das sah man ihm auch an. Nach ein paar Tagen bedankte er sich bei mir und wurde wieder in seine Stadt verlegt, wo er auch wohnte. Er sollte dort wieder auf freien Fuß gesetzt werden. Diese Begegnung werde ich niemals vergessen, man musste es erleben, um es zu verstehen.

Es war mein zweiter Verhandlungstag. Nachdem am ersten Tag nur meine Personalien vorgelesen wurden, ging es jetzt richtig zur Sache, ich betrat in Handschellen den Gerichtssaal. Voller Angst sah ich mich im Gerichtssaal um. Lautes Chaos herrschte. Reporter standen zu beiden Seiten des Mittelgangs und Zuschauer beanspruchten jeden verfügbaren Platz. Die allgemeine Aufregung erschien umso erstaunlicher, da es der erste richtige Verhandlungstag war, der den Beginn des Prozesses markierte. Ein greller Schein eines Blitzlichtes traf mich direkt ins Gesicht und blendete mich für einige Sekunden. Richter K. hatte erlaubt, vor und nach der Verhandlung zu fotografieren und zu filmen. Diese Freiheit nutzten die Journalisten voll aus. Sie verwandelten den Raum in einen Hexenkessel. Richter K. schien es in vollen Zügen zu genießen. Er lächelte, posierte, redete von Recht und Gesetz und nutzte jede Gelegenheit, um auf seinen persönlichen Kreuzzug für die Gerechtigkeit hinzuweisen. Alles entsprach seinen Wünschen. Maximale Publicity und minimale Aufmerksamkeit dem Detail gegenüber. Er erzählte den Zuschauern im Saal, dass er es nicht hinnehmen werde, wenn dieser Prozess durch irgendetwas gestört werden würde. Er sprach auch zu den Angehörigen und Freunden des Opfers, dass es niemand wagen sollte, irgendjemanden zu bedrohen oder die Verhandlungen zu stören. Gut gebrüllt, dachte ich, dieser Richter würde die Wahrheit ans Licht bringen und meine Unschuld beweisen, aber wie so oft sollte ich eines Besseren belehrt werden.

Ich versuchte, den Rat meines Verteidigers zu beherzigen, saß mit geradem Rücken, die Hände im Schoß gefaltet und versuchte einen gelassenen Eindruck zu machen, was nicht so einfach war, denn ich wurde wegen Mordes angeklagt. Hier ging es um mein Leben, meine Kinder, meine Familie, meine Existenz, einfach um alles. Mein Verteidiger ließ mich von meiner Schweigepflicht Gebrauch machen und ich schwieg. Jedoch weiß ich jetzt, dass es ein Fehler war. Ich warf einen Blick in den Zuschauerraum. In der ersten Reihe saßen Journalisten. In den restlichen vier Reihen saßen neugierige Freunde und Bekannte. Hinten gab es sogar Stehplätze für Leute, die bereit waren, den ganzen Tag zu stehen. Wenn Blicke töten könnten, wäre das mein zweiter und letzter Tag gewesen. Es war unglaublich. Hier begann ein Prozess und kein Theaterstück. Derzeit war wohl das Unterhaltungsangebot in unserer Stadt nicht sehr groß und hier lockte ein spannender Prozessbeginn, wo mein Leben auf dem Spiel stand. Wahrscheinlich lag es auch daran, dass mich viele Menschen hier kannten und sich nicht vorstellen konnten, dass ich schuldig war. Staatsanwalt P., der von Anfang an glaubte zu wissen, was am Tatort passiert war und meinen Kindern die Besuchserlaubnis verweigerte, erzählte ihnen auch gleich, dass ich mein Leben lang im Gefängnis schmoren müsste und sie noch lange Zeit hätten, mich zu besuchen. Meinen Kindern, die zehn und acht Jahre alt waren und durch diese Aussage monatelang nicht schla-

fen konnten. Das war die Befangenheit in Person. Ebenfalls gab Staatsanwalt P. vor Beginn des Prozesses ein Statement an die Presse ab, wonach ich der Täter sein sollte. Wie konnte so etwas passieren, dass ein Staatsanwalt so etwas tat, ohne in die Beweisaufnahme zu gehen? Ich hörte den Bericht im Radio und dachte, dass ich durchdrehen würde. Nach zwei Wochen wurde der Bericht korrigiert. Der Staatsanwalt wählte bei der Anklage geschickte Formulierungen wie „Die Anklage wird beweisen ...“, damit blieb er rein theoretisch im Rahmen des Eröffnungsplädoyers. Herr P. wies darauf hin, dass sich das Gericht anhand der Zeugenaussagen und Beweise selbst ein Bild machen könnte, ob er übertrieben hatte. Der Staatsanwalt konnte nicht wissen, dass nur drei Menschen und eine Macht als Zeugen infrage kamen. Ich und mein Mittäter, meine Ex-Frau und Gott. Gott konnten wir nicht als Zeugen aufrufen, meine Frau machte von ihrem Aussageverweigerungsrecht Gebrauch und wir beide durften nicht reden, obwohl ich meinem Rechtsanwalt vorschlug, alles zu erzählen, was ich wusste. Dass die Entscheidung meines Anwalts mir alles zerstören würde, sollte ich erst viel später erfahren. Im Zweifel sollte das Gericht für den Angeklagten entscheiden, dachte ich, und wurde schmerzlich enttäuscht.

Der Staatsanwalt sprach 20 Minuten lang, beschrieb mich als einen Mann ohne Moral, der einen Mord aus niedrigen Beweggründen beging. Hinsichtlich der Motive sagte er, dass es Zankereien, Streit und Eifersucht gegeben hätte. Nun, eigentlich spielte es keine Rolle, denn bei ausländischen Tötungsdelikten gab es eh nur das eine Motiv nach Sicht der Staatsanwaltschaft, und das war die Ehre. Und was nicht passte, wurde passend gemacht. Dies war ein Strafprozess, keine Übung in Logik, und es musste jemand verurteilt werden, egal ob schuldig oder nicht. Ich beobachtete die Reaktionen sämtlicher Personen im Raum, während Staatsanwalt P. wie ein Dirigent erzählte und alle in seinen Bann zog. Alle Menschen im Saal saugten seine Wörter wie ein nimmersatter Schwamm auf und hingen an seinen Lippen. Warum sollte auch jemand auf der Anklagebank sitzen, wenn er unschuldig war. Das war auch die Meinung vieler Menschen, genauso wie meine vorher auch, aber jetzt musste ich meine Einstellung ändern. Nicht jeder Ehemann, der sich von seiner Frau trennte, wurde zum Mörder.

Nun war mein Verteidiger Herr D. an der Reihe. „Meine Damen und Herren, hohes Gericht. Jeder einzelne Punkt, den die Anklage eben vorgebracht hat, ist umstritten. Es geht hier nicht um Ansichten, Schlussfolgerungen,

Mutmaßungen, Indizien und schon lange nicht um das Klischee eines Ehemannes, der seit einem Jahr von seiner Frau getrennt lebt und auf einmal loszieht, um jemanden aus Eifersucht zu töten. Ich bitte, Ihre Entscheidungen allein auf die Grundlage des Beweismaterials und Zeugenaussagen zu stützen. Ich bitte Sie, bei der Präsentation der Beweise größte Aufmerksamkeit zu leisten." Völlig erschöpft und kraftlos fiel ich abends ins Bett und wusste, dies wird mein größter Kampf.

Die Erinnerung ist ein erstaunliches Phänomen. Sie prägt uns und unseren Alltag, bildet den Zusammenhang für unsere Handlungen und die logische Grundlage unserer bisweilen zweifelhaften Entscheidungen. Wer wir heute sind, ist unzertrennbar verbunden mit der Erinnerung daran, wer wir gestern und vorgestern waren. Fäden in der verschlungenen Erinnerung unseres Lebens, aus denen besondere Ereignisse herausstechen, unsere erste Liebe oder unsere Enttäuschung. Auch unser Hass spiegelt sich wider wie bei vielen Gefangenen hier. Der Hass auf die Justiz, die Richter oder die Opfer, die verletzt oder verstorben waren. Wenn man an einem Faden zieht, kann man zusehen, wie sich das Ganze abwickelt. Die Gefangenen erzählten mir, wem sie etwas getan hatten, welches Essen sie mochten, die

Fertigkeiten, die sie beherrschten, die Filme, die sie mochten, die Musik, zu der sie getanzt hatten, wen sie liebten und hassten. Ohne sie haben wir keine Identität, wir haben gar nichts.

So wie der 36-jährige Thorsten B., der sich schon aufgegeben hatte. Wenn ich je Alzheimer oder etwas Ähnliches bekommen sollte, hoffe ich, dass mir jemand einfach eine Pistole an den Kopf drückt und mich erschießt. Ich bin mir sicher, irgendjemand würde mir den Gefallen gerne tun, denn ich habe ja genug Feinde, die ich mir selber geschaffen habe. Er sagte, dass man im Hier und Heute leben sollte. „Ich lebe jeden Tag, als wenn es mein Letzter ist und das hat mich hierher gebracht." Thorsten B. wirkte nicht wie ein menschliches Wesen, sondern wie eine geisterhafte Erscheinung. Seine Arme hingen schlaff herunter und unter seinem weißen Hemd, das wie ein Nachthemd aussah, ragten nackte Füße hervor. Seine langen sandfarbenen Haare fielen locker auf seine Schultern und sein ohnehin zerbrechliches Gesicht betonte den eindringlichen Blick seiner großen blaugrünen Augen. Aber dennoch war sein Lebenslauf so intensiv, dass man hätte einen Film darüber machen können. Seinen ersten Mord hatte er im Alter von 15 Jahren begangen, als er einen Jugendlichen vom Dach eines zehnstöckigen Hauses in

Hamburg stieß. Noch beunruhigender als das Fehlen irgendeiner Erklärung oder auch der Versuch, die Tat zu rechtfertigen, war seine offensichtliche Unfähigkeit zu begreifen, wozu eine Strafe nötig war. Erst später erzählte er mir, dass es um Drogen ging. Statt ihm eine lange Freiheitsstrafe zu geben, kam er nach einigen Jahren wieder frei. Wenn er in seiner kurzen Haftzeit irgendetwas gelernt hatte, dann, dass er bei seinem nächsten Verbrechen raffinierter vorgehen musste. 20 Jahre ständige Verhaftungen und gelegentliche Verurteilungen hatten nichts bewirkt, um seinen Charakter zu verändern oder seine Opfer vor ihm zu schützen. Er erzählte, dass er noch mindestens fünf Menschen schwer verletzt hätte, sie es ihm nicht nachweisen könnten, aber er nun doch hier sei wegen so einer dummen Schlampe, die ihn angezeigt hatte, nur weil sie nicht mit ihm schlafen wollte und er sie dazu brachte. Er war ein unsympathischer Mann, sein Gesicht war von Pocken übersät, er hatte eine schmale Stirn, dichte braune Augenbrauen und eine breite Knollennase. Die linke Ohrmuschel war nach vorn geknickt, als würde er jeden Tag darauf schlafen, und das rechte Lid hing schlaff herunter. Er schwitzte stark, sobald er sich anstrengte. Er war jemand, der sehr überheblich erzählte und stolz darauf war, was er getan hatte. Keine Ehrfurcht, keine Reue, sein ganzes Leben verübte er Straftaten. Ich fragte mich, warum die Justiz so einen Menschen nicht schon lange aus dem Verkehr gezogen hatte. Voller Stolz erzählte er mir, dass er mit großen Mengen Drogen und Waffen herummachte. Eines Tages stoppte ihn die Polizei, als er spät nachts an einer Ecke parkte. Die beiden Polizisten zogen ihre Waffe aus Sorge um ihre Sicherheit und ließen ihn aussteigen. Unter dem Vordersitz hatte er einen Beutel mit Marihuana. Unter dem Rücksitz fanden die Beamten mehrere Kilo Heroin und im Kofferrum drei Pistolen, eine abgesägte Schrotflinte und ein Schnellfeuergewehr, das Menschen mit einem einzigen Schuss zerfetzen konnte. Es war erstaunlich. Ich ertappte mich immer wieder, wie abgestumpft ich schon war. Wo ich früher mit dem Kopf geschüttelt hätte, hörte ich jetzt leicht und locker Menschen zu, die mir von ihren Taten erzählten, wie sie Menschen vergewaltigt, getötet ja sogar zerstückelt hatten. Er sagte, dass die Polizei dumm sei und er schon drei Raubüberfälle begangen hätte. Die Polizei hätte zwar einen Verdacht, aber mehr auch nicht. Seine Freundin würden sie beschatten, aber das Geld würden sie niemals finden, denn das würde auf dem Konto seiner unehelichen minderjährigen Tochter liegen, da kämen sie nie darauf. Er sagte, es wären vier Sparbücher bei vier verschiedenen Geldinstituten, eins davon sogar im Ausland. Er wurde zwar verurteilt, aber die Raubüberfälle blieben ungesühnt. Ich stand auf dem Bahnhof des Grauens und immer mehr Passagiere stiegen ein.

Richter K. war bei meinem vierten Termin völlig locker. Er saß auf der Richterbank, den runden Kopf in die Hand gestützt, klopfte mit dem Ende seines Kugelschreibers auf einen Notizblock. Zwei schnelle Schläge, denen eine kurze Pause folgte, und dann zwei weitere, immer wieder, wie das Pochen eines Herzens. Das Klopfen hörte plötzlich auf. Mein Verteidiger hatte beide Hände in die Hosentaschen gesteckt. Jetzt sah er auf und hob eine Braue, die einzige Geste in seinem ausdrucklosen Gesicht. „Ich gehe davon aus, dass Sie es nicht für notwendig gehalten haben, Ihren Zeugen die Bedeutung von Pünktlichkeit zu erklären?“, fragte er. Der erste Zeuge wurde aufgerufen. Der Staatsanwalt hatte das Wort: „Dr. Korta, kann das Messer während einer Rangelei oder eines Kampfes in das Opfer eingedrungen sein, wenn man versucht hat, dem anderen die Waffe zu entreißen?“ Der Staatsanwalt versuchte eine vorsätzliche Tat zu beweisen, indem er von vorneherein eine Handlung im Affekt oder Notwehr ausschloss. Voller Spannung erwarteten alle die Antwort auf diese bizarre Frage. Dr. Korta sprach: „Auf diese Frage habe ich gewartet, weil sie relevant sein kann. Ja, das Opfer könnte während eines Kampfes verletzt worden sein oder hätte auch auf das Messer fallen können. Da das Herz nur leicht berührt wurde, muss man davon ausgehen, dass es nicht gewollt war, das Opfer zu verletzen oder zu töten." Ein Raunen ging durch den Saal und der Richter beendete den heutigen Tag.

Ich wechselte meinen Arbeitsplatz und begann in der Kammer, dort lernte ich Thomas kennen. Thomas K. erzählte mir aus seinem Leben, dass er Alkoholiker war, eine Scheißkindheit hatte. Kein Ungeheuer konnte so wie seine Familie sein. „Mein Vater trank eine Menge Alkohol", erzählte er weiter. „Die meiste Zeit war er betrunken und alle seine Freunde, die er öfter einlud, tranken mit ihm. Bis zum heutigen Tag kann ich keinen Alkohol mehr riechen. Meine Eltern luden oft Freunde ein, die zusammen Musik machten. Ich versteckte mich in meinem Schlafzimmer und fürchtete mich davor, wer als Nächstes kommen würde. Ich war jung und ängstlich. Ich kroch stundenlang unter mein Bett, mehrmals kam jemand herein. Es stank nach Alkohol, er hob die Decke und fluchte, als er sah, dass ich nicht da war."

„Haben sie dich geschlagen?“, fragte ich ihn. Aber darüber wollte er nicht reden. Es dauerte länger als erwartet, bis er mit der Wahrheit herauskam. Wahrscheinlich machte der Wodka seine Zunge lockerer, den wir uns einschenkten. Ich wunderte mich immer wieder, zu was die Gefangenen fähig waren zu besorgen oder besorgen lassen konnten. Der Wodka brannte höllisch in meiner Kehle, während wir höflichst Konversation über seine schreckliche Tat machten. Als er anfing zu erzählen, war die Wut in seinen Augen zu sehen. Er erzählte, dass er eine Frau im Restaurant kennenlernte, sie tranken zusammen, bis sie gemeinsam herausgingen. Sie gingen zu ihm nach Hause und tranken weiter. Irgendwann in der Nacht setzte sein Gehirn aus. Blindlings ohne nachzudenken schlug er nach eigenen Angaben auf sie ein. Sie fiel der Länge nach aufs Bett, der lachende Mund plötzlich in Rot getaucht, die nackte Angst in den Augen. Er stoppte, sein Blick war leer. Er stotterte weiter: „Ich packte sie an der Bluse und riss sie auf, zog sie halb dabei aus. Sie schrie und plötzlich hatte sie einen Hammer in der Hand. Es ging so schnell. Ich erinnere mich nur, dass sie auf der anderen Seite des Sofas stand. Sie schüttete mir etwas ins Gesicht. Es fühlte sich an wie flüssiges Feuer in meinen Augen. Der Schmerz, ich schrie und versuchte es aus meinen Augen zu wischen. Ich konnte ihr den Hammer entreißen. Sie lief weg und kroch in die Ecke, wimmerte vor Entsetzen, nahm ihre Knie und legte die Arme um den Kopf." Sie schrie ihn an, du Niete, du Versager. „Steh auf", sagte er zu ihr. Er packte sie an den Haaren und zerrte sie aus der Ecke. „Nicht schlagen, nicht schlagen!", kreischte sie, die Augen fest zusammengepresst, ihr blutbespritztes Gesicht vor Schmerz verzerrt. Ich wunderte mich, dass er so ins Detail ging. Er redete sich in Trance. Ich fragte ihn, ob er ausgesagt hätte. „Nein", sagte er, „ich habe keine Aussage gemacht."

„Aufs Bett", schrie er sie an, „Gesicht nach unten." Noch nie hätte er so eine Macht gespürt. Er riss sein Hemd in Streifen und fesselte sie an ihren Handgelenken ans Bett, dann Füße unten, sodass sie wie ein X ausgestreckt mit dem Gesicht nach unten lag. Ich musste schlucken und meine Hände zitterten. Ich wollte gehen, aber war gefesselt von seiner Erzählung und lauschte weiter seiner Geschichte. Er erzählte mir, dass er sie vergewaltigte. Ich verzichtete auf Details und fragte, was dann passierte. Sie schrie, während er sie vergewaltigte. „Du Niete, du Versager!" Das brachte ihn zur Weißglut. Er hielt ihr den Mund zu, um sie zum Schweigen zu bringen. Fester und fester drückte er zu und bemerkte nicht, dass er auch ihre Nase zuhielt. In seiner

Wut erstickte er sie und schleuderte sie an die Wand. Sie fiel zusätzlich auf den Tisch und schlug sich ihren Kopf auf. Überall war Blut. Er stoppte. Es war still in der Zelle. Ich hätte den Flügelschlag eines Schmetterlings hören können. Mein Herz schlug so laut, dass ich Angst hatte, er könnte es bemerken. Er sagte, dass er sich versteckte. „Es war eine schlimme Zeit. Ich konnte nicht essen, nicht schlafen, nicht klar denken. Mein Verstand war wie ein zerbrochener Spiegel. Jedes Mal, wenn es klopfte, fing ich an zu schwitzen, zuckte zusammen, wenn ich laute Stimmen hörte." Tage vergingen, bis die Nachbarn seiner Wohnung wegen des Gestanks die Polizei informierten und diese die verweste Leiche einer Frau vorfanden, daraufhin wurde er verhaftet.

Die ganze Situation hier machte mir schwer zu schaffen und Albträume plagten mich. Irgendjemand klopfte an die Pforte meines Bewusstseins, forderte Einlass in meine geheime Landschaft der Träume. Ich erwachte im Dunkeln und geriet für einen Moment in Panik, da mir nichts vertraut erschien. Dann sah ich das Mondlicht, das ins Zimmer fiel, und ich wusste wieder, wo ich war. Der Sturm hatte sich verzogen und der Mond schien jetzt auf eine weiße Welt, still und voller Schrecken. Ich stand ziemlich lange vor dem Fenster und schaute hinaus. Draußen färbte sich der Himmel allmählich grau und die typischen Geräusche des Tagesanbruchs drangen durchs Fenster. Für ein Stadtkind, wie ich es war, waren das Getöse eines Müllwagens oder Motorengeräusche so vertraut wie ein Wiegenlied.

Während sich die Anstalt und das Leben außerhalb der Mauern aus den Federn wälzten, um den Tag zu begrüßen, schlief ich wieder ein. Ich erwachte mit einem Lied im Ohr und dachte, dass ich wieder träumte. Aber ich hatte nur vergessen, das Radio auszuschalten. Als ich die Augen wieder aufschlug, sah ich die Sonne durch die Scheiben blitzen. Nein, es war kein Traum, es war meine unendliche Geschichte.

An außergewöhnlichen Orten mit genauso außergewöhnlichen Menschen passierten Dinge, die in der Freiheit nie passiert wären. So wie dieser Tag, als wir in der Freistunde waren und es anfing zu regnen. Ich brachte mich mit allen Gefangenen in Sicherheit. Aber einem schien der Regen nichts auszumachen. Er zog seine Hose und sein Hemd aus. Nun saß er splitternackt auf dem Rasen. Er wollte sich wohl waschen lassen. Er führte die Hände im Schoß zusammen und betrachtete sie aufmerksam. Er formte seine Finger zu einer Schale, die leer war und leer blieb. Nicht einmal geeignet, das hineintropfende Wasser zu einer kleinen Pfütze zu sammeln. Als er lange hineingesehen hatte, drehte er sie erst nach oben, dann nach unten. Seine Hände gingen zum Himmel, während der strömende Regen ihn davon abhielt, dass seine Gebete bis zum Himmel kamen. Was für eine Szene. Ich bekam Gänsehaut. Erleichtert ließ er sich auf den Rücken fallen. Der Regen strömte stark und gleichmäßig. Ein paar Mal griff er über sich in die nasse, balkenlose Luft. So blieb er liegen und schaute in die Wassermassen, deren fallende Bewegungen man übersehen konnte, indem man sie anstarrte.

Als wir wieder im Gebäude waren, wollte ich auch seine Geschichte hören und machte mich auf den Weg zu seiner Zelle. Ich klopfte an, bekam jedoch keine Antwort. Also öffnete ich seine Zellentür. Das Blut stieg mir in den Kopf und ich dachte, ich kippe um. Der Gefangene hatte sich einen Strick aus seinem Bettlacken gebastelt und das Ende mit einem Doppelknoten an den Gitterstäben befestigt. Er stand auf der Lehne seines Stuhls und kippelte hin und her. Er war kurz davor sich aufzuhängen. Mein Herz raste, mein Puls war weg. Haben Sie schon einmal jemanden gesehen, der sich aufhängen wollte? Diese Verzweiflung in seinen Augen werde ich niemals vergessen. Ich rief sofort den Beamten Herrn S., der versuchte, auf ihn einzureden, um ihn davon abzuhalten. Es klappte nicht. Der Gefangene sagte, dass er unschuldig sei und nichts getan hätte. Immer wieder versuchten jetzt schon drei Beamte den jungen Mann davon abzuhalten, sich umzubringen. Irgendwann gab er auf und stieg herunter vom Stuhl. Einen Tag später wurde er entlassen. Nein, nicht weil er sich umbringen wollte, sondern weil er tatsächlich unschuldig war. Man hatte den Falschen eingesperrt. Er hätte tot sein können, aufgrund von Fehlern, die die Justiz machte. Ganz normaler Alltag hier. Ich wusste, dass ich noch viele solche Situationen erleben würde. Justizirrtum nennen sie es. Ein Mensch stirbt, keiner ist schuld oder wird angeklagt. Es würde vielleicht eine Entschuldigung geben oder Blumen, aber das würde den Toten auch nicht mehr zurückbringen.

Am fünften Verhandlungstag wurden meine Termine auf 15 aufgestockt, da das Gericht mir keine Tat beweisen konnte und weil niemand etwas gesehen hatte. Ich konnte es nicht verstehen, aber auch nicht verhindern.

Herr Linzen war eine von zwei Personen, die am Tatort vor dem Restaurant waren. Er wurde als Zeuge der Anklage aufgerufen und war eine auffällige Person. Er trug einen blauen Blazer mit einem weißen durchgeknöpften

Hemd und gelber Seidenkrawatte, dazu dunkelblaue Halbschuhe, die altmodische Sorte, flache Slipper, wie man sie früher in der Schule trug. Sonnengebräunt wirkte er entspannt, als sei er im Urlaub, ja schon arrogant. Die formellen knappen Antworten, die distanzierte Art, mit der er an der Verhandlung teilnahm, als säße er auf der Richterbank statt im Zeugenstand, brachte alles in mir hoch. Er erzählte, dass er mit seinem Freund vor die Tür ging, um frische Luft zu schnappen, da sie viel Alkohol getrunken hatten. Plötzlich hielt ein Wagen vor ihnen auf dem Bürgersteig und eine Frau fragte aus dem Wagen aufgeregt, in welcher Straße sie war. Ein zweiter PKW hielt vor ihnen. Drei oder vier Personen stiegen aus, trommelten mit den Fäusten auf den PKW und rangelten auf der Straße. Auf die Frage des Richters, was für Personen es waren, antwortete der Zeuge: „Es könnten Russen, Deutsche oder auch Türken gewesen sein, so genau weiß ich es nicht und wiedererkennen würde ich sie nicht, denn wir hatten viel getrunken.“

„Haben Sie ein Messer gesehen?“, fuhr der Richter fort. „Nein, ich habe nichts gesehen, wir gingen schnell wieder rein“, erwiderte der Zeuge. Was zum Teufel war hier los, fragte ich mich. Über 50 Gäste waren anwesend und alle, die bisher ausgesagt hatten, hatten nichts gesehen. Fast alle Gäste waren erst bei dem

Fußballspiel, wo Alkohol getrunken wurde, hinterher auf dem Weihnachtsmarkt, wo wieder getrunken wurde, und dann auf der Weihnachtsfeier, auch da wurde die ganze Nacht getrunken. Selbst alle Zeugen sagten aus, dass sie betrunken waren. Was wollte das Gericht hier beweisen? Außerdem wurde die Tatwaffe nicht gefunden. Ich hatte keine DANN-Spuren vom Opfer an mir und das keine von mir. Ebenfalls waren keine Fingerabdrücke an dem PKW des Opfers, wo nach Aussage des Staatsanwaltes aber welche hätten sein müssen, da ich an die Fenster getrommelt haben soll. Ich wurde 200 Meter entfernt vom Tatort verhaftet.

Im Namen des Volkes wurde auch der 26 Jährige Peter E. verurteilt, nachdem er nach einer Auseinandersetzung mit einem Kinderschänder in einer Diskothek die Person, die schon mehrere Jahre wegen Kindesmissbrauchs hinter Gittern saß, mit mehreren Messerstichen tötete. Er erzählte mir, dass dieses Schwein demnächst vielleicht seine Tochter oder das einer anderen Familie hätte vergewaltigen können, deswegen bereue er es nicht. Es wäre ein Streit vorausgegangen, der ihm gelegen kam. Nachdem der Staatsanwalt zwölf Jahre gefordert hatte, wurde er von Richter S. ausgewechselt und ein anderer Staatsanwalt übernahm die weitere Anklage. Der Richter führte nach Aussage von Peter E. ein Gespräch mit seinem Rechtsanwalt, natürlich unter vier Augen hinter verschlossenen Türen. Der Richter erklärte, dass er genauso denke wie Peter E., also wie der Täter, den er verurteilen sollte, und er deswegen den Staatsanwalt ausgewechselt hätte. Der neue würde nicht über das abgesprochene Strafmaß von sechs Jahren und sechs Monaten hinausgehen. In nur sechs Tagen wurde der geständige Peter E. hierher verlegt und wegen Mordes angeklagt, aber vorher wurde ein Deal mit dem Richter abgeschlossen, er wurde zu sechs Jahren und sechs Monaten verurteilt. „Ich bin gut gefahren", erklärte mir Peter E., „dank des Richters, sonst wäre ich am Arsch", fügte er hinzu. „Dass die Richter im Namen des Volkes verurteilen, ist völlig aus der Luft gegriffen, denn es ist nicht nachzuvollziehen, dass die Bevölkerung einen Deal zugelassen hätte. Jeder Richter hat seine Meinung und ist schon während er die Anklage hört befangen und es interessiert ihn überhaupt nicht, was das Volk, in dessen Namen er Menschen für lange Zeit hinter Gittern schickte, wohl dachte." Ich gehe sogar so weit zu behaupten, dass die Urteile auch viel von Gefühlsschwankungen beeinflusst werden. Es ist enorm wichtig, ob der Richter sich wohlfühlt, private Probleme, Streit mit seiner Frau oder finanzielle Schwierigkeiten hat, Ärger mit seinem Vorgesetzten hat oder er unter starkem Druck steht, die Statistik seiner Verurteilungen zu verbessern, um aufzusteigen und vielleicht irgendwann bei einer höheren Instanz tätig zu sein. Wie hätten Sie über den Täter des Kinderschänders geurteilt? Hätten Sie nach Gefühl gehandelt und sich dem Urteil des Richters von sechs Jahren und sechs Monaten angeschlossen? Oder hätten Sie nach dem Gleichheitsprinzip entschieden und gedacht, dass er zwölf Jahre verdient hätte? Hand aufs Herz. Nach einer Umfrage einer renommierten Zeitschrift hätten 80 % von 2000 befragten Personen in Deutschland ganz andere Urteile ausgesprochen als die Richter in acht verschiedenen Verhandlungen von Bagatelldelikten über Vergewaltigung bis hin zum Mord reichten. Urteile, die ausgesprochen werden, haben schon lange nichts mehr mit Recht und Unrecht zu tun, das merkte ich am eigenen Leib. Auch alles andere, was ich erlebt hatte, bewies mir immer wieder, dass ich keine Ausnahme war und viele andere benachteiligte Menschen in den Zellen schmorten, für etwas, das sie nicht getan hatten.

Ein junger Mann wurde wegen Vergewaltigung seiner Ex-Freundin vor Gericht gezerrt. Der Staatsanwalt forderte einen Freispruch, weil er es als bewiesen sah, dass die Freundin des Angeklagten sich nur rächen wollte. Und glauben Sie mir, kein Staatsanwalt würde so leicht einen Freispruch fordern. Wahrscheinlich waren der Staatsanwalt und der Richter bei zwei verschiedenen Verhandlungen und in verschiedenen Sälen oder sogar in verschiedenen Ländern. Wie konnte es sonst passieren dass die Richterin den Angeklagten zu sechs Jahren und sechs Monaten Haft verurteilte, obwohl der Staatsanwalt einen Freispruch forderte? Was war da passiert? War der Staatsanwalt blind gewesen, der einen Freispruch forderte? Hatte die Richterin bessere Augen und Ohren als der Staatsanwalt, der für die Anklage zuständig war? Hatte sich die Richterin ja sogar mit dem sogenannten vergewaltigten Opfer identifiziert und gedacht, das hätte auch ihr passieren können? Wir werden es wohl niemals mehr erfahren. Der Angeklagte ging in die Revision, was ihm nichts einbrachte, denn Vetternwirtschaft war völlig normal bei der Justiz.

Der Albaner Adrian P., 26 Jahre, feuerte sechs Kugeln wegen einer Familienfehde in den Körper eines Mannes ab. Er arbeitete an dem Tag als Schweißer auf einem Schiff, als eines der Familienmitglieder, mit denen seine Familie eine blutige Familienfehde hatte, ihn auf dem Schiff besuchte. Es kam zum Streit. Adrian P. zog seine Waffe und feuerte fünf

Mal auf den Körper seines Feindes. Drei der Kugeln gingen durch den Körper. Die Anklage lautete auf versuchten Mord. Nach sechs Monaten ging der Schütze nach Hause, weil das Gericht keine Termine frei hatte. Zufall oder Schlamperei?

Ein Urteil, das einem Schwarzafrikaner zehn Jahre Haft bescherte und von Richter K. ausgesprochen wurde, wurde vom Bundesgerichtshof wieder aufgehoben und der Insasse konnte nach Hause gehen. Er saß bereits 18 Monate in der U-Haft.

Die Richter machten Fehler auf Kosten der Angeklagten und konnten nur durch den BGH gestoppt werden, der aber erst nach Monaten entscheiden konnte. Richter in Deutschland fühlen sich wie Götter und haben auch die Macht dazu, denn niemand kann sie aufhalten, wenn sie Vermutungen anstellen oder zu der Annahme kommen, dass jemand einen Menschen zu einer bestimmten Zeit an einem bestimmten Ort verletzt, vergewaltigt oder getötet haben soll. Sollte nicht im Zweifel für den Angeklagten geurteilt werden? Ist eine Vermutung oder eine Annahme nicht ein Zweifel? Menschen wurden aus ihren Leben, von ihren Familien weggerissen und sehr oft auf Grundlage von Vermutungen viele Jahre weggesperrt, um sie hinterher aufgrund von Fehlurteilen freizulassen und sie für ihr zerstörtes

Leben, die verlorene Zeit und die Existenz mit ein paar Euro abzuspeisen. Ein paar Euro für Menschen, die vielleicht jahrelang in der U-Haft saßen, wo sie 23 Stunden eingeschlossen waren. Eine schmeichelhafte Entschädigung, die im Jahre 2009 von 11 auf 25 Euro am Tag angehoben wurde, ist nicht wirklich hilfreich für die Freiheit und das Leben, das man verloren hatte, für Familien, die getrennt wurden, und die Gesundheit des Menschen, dessen Psyche nach langer U-Haft angegriffen war. Die ehemalige Berliner Justizsenatorin Gisela von der Aue kritisierte die Summe als immer noch viel zu niedrig. Es sei zwar ein gutes Zeichen, dass sich die Justizministerkonferenz mit dem Thema befasst habe, das Ergebnis sei aber nicht zufriedenstellend. „Ich werde mich für eine höhere Haftentschädigung einsetzen", so die Senatorin. Angemessen seien 100 Euro pro Tag. Das fordert auch der ehemalige rechtspolitische Sprecher der Bundestagsfraktion der Linkspartei, Wolfgang Neskovic. Auch er hält einen Betrag von 100 Euro – wie er beispielsweise in Österreich gezahlt wird – für angemessen. „25 Euro sind in keiner Weise geeignet, den seelischen Schaden und die stattgefundene gesellschaftliche Stigmatisierung auszugleichen", kritisiert Neskovic. Eine bekannte TV-Sendung hatte bereits im Juli 2007 und 2014 darüber berichtet, wie Häftlinge auf wenigen Quadratmetern, abgeschnitten von Familie, Freunden und der Welt, vegetieren. Immer wieder landen Menschen unschuldig hinter Gittern, verbüßen zum Teil jahrelange Haftstrafen, bis sich schließlich doch ihre Unschuld herausstellt. Vom Staat steht ihnen dann eine Wiedergutmachung zu. Doch die Freiheit des Menschen ist in Deutschland nicht viel wert. Wer unschuldig in Haft gesessen hat, bekommt jetzt ein Schmerzensgeld von gerade mal 25 Euro pro Tag. Und selbst darauf müssen Betroffene lange warten. Manche kehren als gebrochene, zerstörte Menschen aus der Haft zurück, können nicht mehr in ihr früheres Leben zurückkehren. Der Kampf um den Ausgleich des erlittenen Schadens ist langwierig und reich an Hindernissen. Wenn der Staat einem Bürger in Deutschland zu Unrecht die Freiheit entzieht, kommt er sehr billig davon.

Kurt war 54 und ein recht netter Insasse, wenn man jemanden nett nennen kann, der seine Frau umgebracht haben soll. Er saß mit aufgeknöpftem Jackett da, seine Hose war nach oben gerutscht und enthüllte einen kleinen Teil seiner Socken, auf denen eine amerikanische Comicfigur zu sehen war. Er fing an zu plappern. „Anja war eine tolle Frau. Mit stacheligen Wimpern, ihrem knallrot geschminkten Mund, dem ferrariroten Nagellack und ihren engen Kleidern. Wenn sie in einen Raum ging, herrschte gleich eine andere Atmosphäre. Selbst einen Toten hätte sie zum Leben erwecken können. Ich habe sie so sehr geliebt, nein, ich war verrückt nach ihr und habe sie angebetet. Sie war ein großartiger Mensch, auch wenn sie hin und wieder die Wilde und Leichtsinnige spielte, wusste ich doch, dass sie mit beiden Beinen im Leben stand. Sie neigte zu Lachanfällen und bei traurigen Filmen musste sie immer weinen und ich mit ihr. Sie aß zu viel Kuchen und machte in Abständen verrückte, sinnlose Diäten, was sie nicht nötig hatte. Sie trug Röcke, bei deren Anblick sich die Männer ihren Hals verdrehten. Sie war verrückt nach Highheels, T-Shirts mit seltsamen Logos, riesigen Ohrringen und hatte einen Stecker im Nabel. Sie war klein, selbstbewusst, eigensinnig, hatte ein markantes Kinn und eine Stupsnase. Nichts schien sie aus der Ruhe bringen zu können.“ Er stockte und griff plötzlich in eine Mappe mit Fotos. „Hier, das war sie“, sagte er und hatte dabei Tränen in den Augen. Ich schaute auf das Foto und verstand ihn. Ich sah zwei Menschen, die sich verliebt ansahen. Arm in Arm. „Und diesen Menschen habe ich getötet, ohne es zu wollen. Ich hätte ihr niemals im Leben ein Haar gekrümmt.“

„Was ist passiert?“, fragte ich ihn. „Wir hatten Streit, sie wollte wie so oft mit ihren Freundinnen durch die Nacht ziehen. Ich fand es zu viel und sagte, dass ich sie lieber bei mir hätte. Sie schrie und fuchtelte mit dem Bügeleisen vor meiner Nase. Ich dachte, sie würde mich angreifen und schubste sie zurück. Sie fiel unglücklich auf die scharfe Kante des Tisches und blieb liegen. Sie blutete und sagte kein Wort. Ich rief den Notarzt und nun bin ich hier." Auch solche Schicksale gab es hier, wo ein Mensch einen anderen tötete, ohne es zu wollen. Er wurde angeklagt wegen Mordes. Der Staatsanwalt ging immer von der höchsten Anklage aus, damit er noch Luft nach unten hatte und der Angeklagte ja nicht zu glimpflich davonkam. Ob er sie verletzen wollte oder er sie absichtlich auf den Tisch geschoben hatte, es vielleicht ein Unfall war, wird das Gericht wohl niemals herausfinden. Anstatt im Zweifel für den Angeklagten zu entscheiden, wird das Gericht ihn höchstwahrscheinlich wegen Totschlags verurteilen, dachte ich mir, auch wenn es ein Unfall war, denn wer auf der Anklagebank saß, der hatte schon verloren und meistens keine Chance auf eine faire Verhandlung. Er wurde zu acht Jahren wegen Totschlags verurteilt. Ich glaubte ihm, dass es ein Unfall war, aber das Gericht wohl nicht.

Alle Erzählungen und Geständnisse, die ich

festhielt, waren von Männern, die Opfer meist Frauen. Manche dieser Männer betrachteten sich nach Aussagen von Experten als Genies. Was sie aber nicht sind. Sie ähneln eher Menschen, die eine Leidenschaft für ein bestimmtes Hobby haben, was sie auszeichnet, ist ihre starke Motivation. Sie haben den Wunsch, Frauen leiden zu sehen und dann zu töten, und sie verwenden ihre ganze Energie, Fantasie und Intelligenz darauf, diesen Wunsch in die Tat umzusetzen. Vielleicht wurden solche Menschen als Kind brutal geschlagen, von einem Onkel missbraucht oder erlitten eine Kopfverletzung, die eine Schädigung des Gehirns zur Folge hatte. Irgendwas Derartiges muss der Grund sein. Natürlich gibt es viele Leute, die als Kind misshandelt oder missbraucht wurden, die aber nicht zu psychopathischen Sexualverbrechern heranwachsen. Es war einfach etwas, was sie gerne taten. Warum tut ein Mensch das, was er tut?

Mein Prozessmarathon schleppte sich von Zeuge zu Zeuge und es schien so, als wollte das Gericht mit aller Gewalt eine Verurteilung erzwingen. Und deswegen rief das Gericht jetzt einen medizinischen Gutachter als Zeugen auf, der das Opfer untersucht hatte. Nachdem er vereidigt wurde, nahm er Platz. Ich spürte, wie alle Augen auf ihm ruhten, da seine

Aussage eine der wichtigsten sein konnte. Ich rutschte auf der Bank herum und versuchte eine bequeme Position zu finden, versuchte wenigstens den Anschein von Ruhe auszustrahlen, aber es war warm im Gerichtssaal, ich konnte spüren, wie mir die Schweißperlen auf meine Stirn traten. Staatsanwalt P. erhob sich, um die Vernehmung zu beginnen. Er war von sich und seiner Anklage voll überzeugt, obwohl die Zeugenaussagen bisher nichts ergaben. Ich hatte schon von ihm gehört, dass er für eine Verurteilung, egal ob schuldig oder nicht, über Leichen gehen würde. Ich wusste, dass der Staatsanwalt mich mit seinen bösen Blicken einzuschüchtern versuchte, um mich zu verwirren, nervös zu machen und mir vielleicht eine emotionale Reaktion zu entlocken. Es war nichts Neues für mich, dass er auf dem Rahmen seiner Brille herumkaute, versuchte mich niederzustarren. Er kannte mich nicht und wusste nicht, dass er einen Menschen, der nie in seinem Leben aggressiv war, aus der Reserve locken konnte, selbst dann nicht, wenn er den bösen Blick aufsetzte. Der Gutachter erklärte, in welchem Winkel das Messer geführt wurde und dass es eine lange Klinge gewesen sein müsste. Auf die Frage meines Verteidigers, ob es ein Unfall gewesen sein konnte, erwiderte er: „Ich habe schon auf die Frage gewartet und ich muss sagen, ja, es könnte unabsichtlich passiert sein. Das Opfer könnte auch bei einem Kampf auf das Messer gefallen sein.“ Auf die Frage, wie er darauf käme, sagte er, das Messer hätte das Herz nur leicht berührt. Die Klinge sei direkt unterhalb des Brustkorbs eingedrungen, hätte den Herzbeutel leicht durchstoßen und die rechte Herzkammer verletzt. Es war kein gezielter Stich, da das Messer sonst viel tiefer hätte eindringen müssen. „Wie sieht es mit DNA-Spuren aus?“, fragte mein Verteidiger den Gutachter. „Es gab keine DNA-Spuren, weder an dem Angeklagten noch am Opfer“, erwiderte der Gutachter. „In der Anklage steht, dass mein Mandant den PKW des Opfers berührt habe, indem er auf das Dach trommelte und versuchte die Tür zu öffnen. Somit sollten ja zumindest Fingerabdrücke am PKW sein“, erklärte mein Verteidiger. Einfach und gerade fesselte diese einfache und dennoch wichtige Frage die Aufmerksamkeit des ganzen Gerichtssaals. Sogar der Protokollführer ließ die Hände auf die Tastatur sinken und drehte den Kopf, um den Zeugen zu sehen. Die Antwort kam zögernd und leise. „Es waren keine Fingerabdrücke des Angeklagten am PKW des Opfers“, schluckte der Gutachter. Scheinbar verwirrt fragte mein Verteidiger: „Sehe ich das richtig, dass Sie weder die Tatwaffe noch Blut- oder DNA-Spuren haben, die wichtigsten Voraus-

setzungen, um anzuklagen oder zu verurteilen?" Mit den Worten „Keine weiteren Fragen, Herr Vorsitzender" erlöste mein Verteidiger den Zeugen von der Spurensicherung. Richter K. wirkte enttäuscht. Der flüsterte seinen Kollegen ein paar Worte zu und unterbrach die Sitzung. Ein Beamter legte mir die Handschellen wieder an und führte mich ab. Mein Verteidiger warf die Akte in seine lederne Aktentasche, ließ das Schloss zuschnappen und wandte sich zu mir. Er blieb gerade lang genug stehen, um mir drei Worte zu sagen: „Ein guter Tag."

Donnerstag war der schönste Tag in der Woche, denn ich konnte meine Kinder anrufen. Fast zwei Jahre lang musste ich darum kämpfen, bis der Kontakt zu meinen Kindern wiederhergestellt war. Die Sozialarbeiterin Frau G. war für mich zuständig und betreute mich von Anfang an und das machte sie sehr gut, muss ich zugeben, denn ohne ihre Hilfe hätte ich es nicht geschafft. Von Anfang an bemerkte ich ihre menschliche Seite gegenüber den Gefangenen, egal welcher Nationalität. Sie war immer ansprechbar und bereit zu helfen. Sie blieb stets sachlich, höflich, korrekt und war eine sympathische, attraktive Frau. Sie hatte viele Sommersprossen und strahlend blaue Augen, was sie noch attraktiver machte als sie es schon war. Zwei Wochen Urlaub hatten ihr bei diesem Traumwetter sehr gut getan. Nun war sie braun gebrannt und gut gelaunt wieder da. Sie trug einen weiten, beinahe knöchellangen Freizeitrock, dazu eine ärmellose in der Taille geknotete Bluse, die leider keine gelegentlichen Einblicke auf ihren Bauch erlaubte. Sie setzte sich mir gegenüber und fragte mich, wie es mir ging. Ihre Haare waren zu einem Zopf zusammengebunden. Sie hatte Lipgloss aufgetragen, der ihren Mund einen pfirsichfarbenen Schimmer verlieh. Außerdem hatte sie mehr Farbe auf ihren Wangen als vorher, egal ob daran die Sonne schuld war oder die Kosmetikindustrie. Sie sah bezaubernd aus, obwohl sie eine Augenweide war, war mein Gehirn wie leer gefegt. Nun ja, nicht direkt, aber das, was mir durch den Kopf ging, waren nicht die blauen Augen, denn die konnten mich nur kurz ablenken von meinen Problemen. Wichtiger waren meine Kinder. Alles drehte sich in meinem Kopf um sie. Ich schlief mit ihnen ein und wachte mit ihnen auf. Seit meiner Verhaftung hatte ich an nichts anderes denken können. Auch heute war es nicht anders, als ich ihre Stimmen hörte und mir bewusst wurde, dass sie ohne mich aufwachsen, ihre erste Freundin haben und ihr erstes Bier trinken würden. Ich konnte sie nicht bei ihren Problemen unterstützen oder ihre Freuden teilen. Denn ich war in Staatsgewalt. Ab jetzt bestimmten andere Menschen über mein Leben, wann ich zu essen hatte, spaziergehen konnte oder schlafen sollte. Ich glaubte immer an das Gute im Menschen und hatte Vertrauen zur Justiz, aber meine Augen wurden mir geöffnet und ich sah die wahre Gerechtigkeit in Form einer Vermutung. Ab jetzt würde Vertrauen nur noch ein fernes Ideal in meinem Leben sein und nie wieder praktischen Einfluss haben. Von heute an würde Skepsis alles vergiften, woran ich glaubte. Dieser Wendepunkt wurde mir erst jetzt, Jahre danach, bewusst, als ich Zeit hatte nachzudenken, genau zu recherchieren und in den Seiten meines Lebens, meiner eigenen Geschichte zu blättern. Stunden, Tage, Monate, in denen ich nach jenem endgültigen Augenblick suchte, an dem mein Glücksstern mich verlassen hatte und mein Leben mit einem Fluch belegt wurde.

Das einzig Gute an der Sache war, dass dieser Fluch mich dazu brachte, dieses Buch zu schreiben. Ich wusste nicht, ob ich es konnte, ob ich Talent und die Kraft hatte, überhaupt etwas zu schreiben. Talent ist etwas Angeborenes, entweder hat man es oder nicht. Aber nur Talent ist nutzlos. Um dieses Talent zum Leben zu erwecken, es mit Schrift zu versehen, musste ich manchmal stundenlang überlegen und mich abplagen, um den packenden, einzig wahren Satz zu schreiben, der sich dann so verdammt einfach las. Diese Einfachheit war trügerisch. Mit Zufall hatte sie nichts zu tun. Diese Fähigkeit flog einem auch nicht einfach so zu. Schreiben war Arbeit in Einsamkeit. Einerseits musste ich die ganze Situation und die Information in Sätzen zusammenfassen, die Sie als Leser auch verstehen würden, andererseits durfte ich es nicht dazu kommen lassen, dass die Anstalt von diesem Buch erfuhr, denn die Verantwortlichen wären bestimmt nicht erfreut gewesen. Eine ganze Woche Arbeit förderte vielleicht vier oder fünf Seiten zutage, aber die waren es wert behalten zu werden. Ich dankte Gott dafür, dass ich die Kraft hatte durchzuhalten, um die Wahrheit festzuhalten. Es gab Zeiten, in denen ich meiner eigenen Arbeit nicht ein Gramm Genialität entdecken konnte, aber das musste ich auch nicht, denn ich bin kein Grisham, ich schrieb nur die Wahrheit, ich musste nicht genial sein, nur ehrlich, denn jede Wahrheit braucht einen Mutigen, der sie ausspricht, und die tat meistens weh. Ich schrieb mich in einen Rausch, denn es gab Situationen, von denen hätte ich nicht einmal zu träumen gewagt. Ich hätte niemals gedacht, dass Mörder, Vergewaltiger oder Totschläger, Menschen, die einen anderen verletzt oder getötet hatten, so offen, skrupellos von ihren Taten erzählen konnten und ihr Inneres nach außen kehrten. Natürlich taten sie es in der Gewissheit, dass sie es einem ihresgleichen erzählten. Es war so, als wenn ein Bruder seiner Schwester ein Geheimnis anvertraute. Sie ahnten nicht, dass ihre grausamen Taten in einem Buch für die Ewigkeit festgehalten wurden. Viele der Gefangenen schienen sich aufgegeben zu haben, sie hatten keinen Halt und keine Perspektive. Andere waren ausgegrenzt, psychisch krank und sahen in ihren Taten ihr Recht, so zu handeln, wie sie handelten. Man musste also selber inhaftiert sein, zum Täter werden, um sie näher kennenzulernen und zu studieren. Ich wusste nicht mehr, ob ich 200, 300 oder 400 Seiten geschrieben hatte, aber ich musste die extremen Eindrücke hier einfach festhalten, bevor mein Gehirn sie Stück für Stück aus meinem Speicher entfernen konnte.

Dass die ganzen Eindrücke und Erlebnisse auch an mir nicht spurlos vorbeigingen, spürte ich am ganzen Körper. Ich konnte nicht schlafen und wenn, dann ließen mich Albträume nicht in Ruhe. Die Angst zog mir den Boden unter den Füßen weg. Gleichzeitig hatte ich das Gefühl, als würde sie mich von innen heraus auffressen, ich kroch in mein Bett, starrte zur Decke hinauf und versuchte nicht nachzudenken. ‚Ich schlief ein und wachte wieder auf. Es war ein nervöser, leichter Schlaf, in dem Träume lauerten, die mich festhielten wie dicke hin und her wogende Schlingpflanzen. Erst war es dunkel, dann wurde es immer heller und heller und endlich Tag. Draußen vor den Gittern konnte ich den blauen Himmel sehen. Eine Weile lauschte ich dem Gesang eines Vogels. Dann warf ich einen Blick auf die Uhr. Sechs Uhr. Ich zog mir die Decke über den Kopf. Was sollte dieser Tag mir bringen?

Der Gerichtssaal war noch leer, ich setzte mich an den kleinen hellen Holztisch hinter der Anklagebank. Ich dachte darüber nach, was mein Verteidiger gesagt hatte. Dann lehnte ich mich zurück, schlug ein Bein über das andere und zog meine Socken hoch. Ich warf einen Blick auf die Uhr. 15 Minuten vor neun. Wenn man sich anstrengte, konnte man die Geräusche von der Straße hören. Die Fenster waren geöffnet und Stimmen von Menschen, die sich draußen bewegten, drangen herein. Die Geräusche von der Straßenbahn, Autos, schreienden Kindern, eben einfach das Leben. Mein Magen knurrte leise und mir fiel ein, dass ich seit dem letzten Abend nichts gegessen hatte. Nichts gegessen und kaum geschlafen. Ich hatte fast die ganze Nacht aus dem

Fenster geschaut und geglaubt verrückt zu werden, als ich mit aller Macht versuchte, den Gedanken, was ich getan haben sollte, von dem zu trennen, was ich nicht getan hatte. Um 9.00 Uhr stürzte der Staatsanwalt in den Saal, kurz nach ihm kamen die Richter herein und nahmen Platz an der Richterbank. Die Augen, hinter den Brillengläsern von Richter K. verborgen, verliehen ihm das nachdenkliche Äußere eines Dichters. Tag für Tag rief die Anklage ihre Zeugen auf, um Beweise gegen mich zu sammeln.

Frau Angelika S. wurde aufgerufen. Eine alte Frau stützte sich auf den silbernen Knauf ihres schwarz lackierten Gehstocks und hob widerwillig die rechte Hand, als der Richter den Eid vorlas. Als Staatsanwalt P. sie aufforderte, für das Protokoll ihren vollen Namen zu nennen, warf sie ihm einen Blick zu, als könne sie nicht glauben, dass er das ernst meinte. „Angelika Schmidt", erklärte sie schließlich und betonte jede Silbe deutlich. Ihre altersbefleckten Hände ruhten auf dem Gehstock, als sie jeden Buchstaben ihres Namens ausspuckte. Sie war eine von 40 Gästen aus dem Restaurant, vor dem die Tat passiert war. „Erzählen Sie dem Gericht bitte, was Sie an dem Tag im Restaurant erlebt haben", sprach der Richter laut und deutlich. Die Zeugin umklammerte ihren Gehstock und starrte auf ihre praktischen

Schnürschuhe. „Mein Mann und ich“, fing sie an zu erzählen, „trafen uns mit Freunden. Wir waren eine Gruppe von zehn Personen im Restaurant. Wir saßen vorne an der Tür und waren beim Essen, als ich plötzlich ein Geräusch hörte. Die Tür ging auf und ein Mann kam herein. Ein Südländer. Er bat um Hilfe, jemand verfolge ihn. Er ging wieder hinaus. Ich wunderte mich, warum er wieder hinausging, wenn er denn bedroht würde. Er kam wieder rein, setzte sich auf einen Stuhl und kippte um. Das ist alles.“ Es war totenstill und Richter K. überlegte seine erste Frage. „Haben Sie jemanden gesehen, der ihn verfolgte?“, fragte der Richter. Sie riss die Augen auf: „Na ja, ich habe nicht darauf geachtet.“

„Konnten Sie erkennen, ob der Mann verletzt war, als er das erste Mal hereinkam?“, hakte der Richter nach. Die Zeugin: „Nein, er war nicht verletzt, glaube ich, denn er konnte sich noch sehr gut und hektisch bewegen und Blut habe ich nicht gesehen.“ Richter K.: „Haben Sie außer der Tür noch etwas gesehen oder gehört?“ Zeugin: „Nein, es war sehr laut im Restaurant. Alle Plätze waren voll und die Musik lief. Wir hatten schon viel getrunken.“ Richter K.: „Konnten Sie auf die Straße blicken und wie war Ihre Sicht?“ Die Zeugin rutschte auf ihrem Stuhl hin und her. „Ich blickte zwar auf die Straße, aber die gesamte

Fensterfront war beschlagen und draußen war es stockdunkel. Mehr kann ich nicht sagen." Der Richter bedankte sich und entließ die Zeugin.

Der Druck auf die Insassen ging weiter. Schließlich verbot die Anstaltsleitung per Verfügung jegliche Bewegungsmöglichkeit wie Fußball, Volleyball oder Basketball. Obwohl sie wusste, dass es seit Monaten keinen Sport für die Gefangenen gab und die einzige Möglichkeit sich etwas zu bewegen eine einzige Stunde im Freien war. Grund dafür sei die Verletzungsgefahr, dabei weiß doch jeder, dass man sich bei jeder Art von Bewegung verletzen könnte. Das Verbot galt aber nur für die U-Haft. In der Strafhaft wurde weiterhin in der Freistunde Fußball gespielt, obwohl die Menschen in der U-Haft ja noch nicht verurteilt und somit unschuldig waren. Die Insassen waren außer sich, aber das kümmerte hier niemanden. Bei sonnigen 25 Grad lagen die Gefangenen auf dem Rasen oder gingen im Schneckentempo auf dem Hof im Kreis, obwohl sie schon 23 Stunden eingesperrt waren und der Körper Bewegung brauchte. Die U-Haft war ein Liegevollzug. Der noch als unschuldig bezeichnete Gefangene war den ganzen Tag eingesperrt und konnte nur im Bett liegen. Die einfachen Bedürfnisse eines Menschen wurden hier eklatant missachtet, ja sogar mit den Füßen getreten, in einem Rechtsstaat, wo die Unschuldsvermutung großgeschrieben wird. Keine Sportangebote von der Anstalt und Bewegungsverbot in der Freistunde. Alle Verfügungen, die beschlossen wurden, waren alle zum Nachteil des Gefangenen, der sowieso genug gestraft war, den ganzen Tag eingesperrt zu sein und vielleicht sogar unschuldig war. Das hier war die reale Welt der Gefangenen und nicht die fingerte Welt, die von den Medien an die Öffentlichkeit getragen wurde. Die Gefangenen hätten eine Bibliothek, einen Fernseher und es ginge ihnen viel zu gut. Es war doch komisch, dass es selten Berichte über die schlechte, ja sogar katastrophale Situation hier in der Haft gab. Alles war getürkt, kann ich nur sagen, denn nur was von der Anstalt abgesegnet wurde, kam an die Öffentlichkeit, und das war nicht die Wahrheit. Nach der neuen Verfügung konnten Gefangene nur telefonieren, wenn sie Geld auf ihrem Konto hatten. Jemand, der kein Geld hatte, hatte keine Chance, seinen Rechtsanwalt anzurufen oder seiner Frau, seinen Kindern oder anderen Verwandten Bescheid zu sagen, damit sie sich keine Sorgen machen mussten.

Es war einer von vielen Terminen und ich war bereits lange Zeit in der U-Haft, als Dr. Korta mit großen, energischen Schritten in den Zeugenstand trat. Er hatte kurz geschorenes

Haar und eine schmale, leicht schiefe Nase. „Sie führten die Autopsie an dem Verstorbenen durch?“, fragte Richter K. „Ja“, antwortete Dr. Korta. Sein knappes Nicken passte zu seinen präzisen Bewegungen der Chirurgenhände. „Ausgehend von der Untersuchung der Leiche, was würden Sie als Todesursache nennen, Dr. Korta?“ Sein Blick schweifte durch den Gerichtssaal, als er antwortete: „Tod durch einen Messerstich. Das Opfer wurde am Herzen getroffen. Das Messer verletzte den Herzbeutel. Der Tod trat im Krankenhaus ein.“ Der Staatsanwalt trat vor und zeigte die Vorderansicht eines menschlichen Körpers. „Konnten Sie den genauen Einstich des Messers bestimmen, als Sie die Leiche untersuchten?“ Dr. Korta verließ den Zeugenstand. Mit einem Filzstift zog er sorgfältig einen kleinen Kreis in Höhe des Herzens. „Das Messer trat hier ein.“

„Wenn man berücksichtigt, wo das Messer eingedrungen ist, was können Sie über den Eintrittswinkel der Tatwaffe sagen?“, fragte der Staatsanwalt. Dr. Korta überlegte eine Weile und fuhr fort. „Ich kann mit Sicherheit sagen, dass es ein nach oben geneigter Eintrittswinkel war.“ Mein Verteidiger meldete sich zu Wort. Er wollte sichergehen, dass alle es verstanden hatten. „Also kann das Messer auch während eines Kampfes ungewollt das

Opfer verletzt haben?" Der ganze Saal horchte auf die Antwort von Dr. Korta. „Ja", antwortete er, „das kann man nicht ausschließen." Mit „Keine weiteren Fragen" beendete mein Anwalt die Folter.

Es wurde Nacht. Der Tisch im Zimmer war nicht abgeräumt. Die Kerze hatte einen roten Wachsfleck hinterlassen, herzförmig, wie ich feststellen musste. Daneben lagen meine Zigaretten. Ich stellte mich ans Fenster und steckte mir eine an. In einem Haus gegenüber ging ein Licht an. Ein kleines Fenster leuchtete in der dunklen Fassade und erlosch. Aus der Nähe drang ein unterdrücktes Husten. Auf dem Hof unter mir leuchtete eine Zigarette. Ein fast voller Mond warf sein volles Licht auf den Hof und an die Anstaltsmauern, die in der Nacht noch erschreckender aussahen als am Tag.

Wieder wurden wir mit dem Bus zum nächsten Termin gefahren. Der Gerichtssaal war voll. Ein Fernsehteam mit einer großen Kamera wurde an das Ende des Gerichtssaals platziert, um die Verhandlung zu filmen. Im Zuschauerraum saßen eng zusammengedrängt Journalisten und Einheimische, die gespannt darauf warteten, dass sich der Vorhang hob. Richter K. ermahnte die Zuschauer, sich ruhig zu verhalten. Heute wollte der Richter über den Antrag meines Anwaltes entscheiden, den Haftbefehl aufzuheben. Der Richter aber erklärte, dass er eine Zeugin auftreiben konnte, der meine Frau den Tathergang erzählt haben sollte. Diese Zeugin wollte er noch hören und auch den Polizisten, der an der Notrufleitung saß, während die Tat passierte. Eins traf auf jede Verhandlung zu, irgendetwas ging immer schief. Mein Anwalt legte Einspruch ein. Der Bundesgerichtshof hatte entschieden, das Aussagen von Hörensagen, so wie das hier der Fall war, nicht zugelassen sind, da man die Quelle der Aussage nicht hinterfragen konnte. Denn meine Ex-Frau war noch nicht als Zeugin aufgerufen worden, und ob sie aussagen wollte, war auch noch nicht klar. Mein Verteidiger erwähnte auch noch, dass Kripobeamte an meine Schwägerin herangetreten waren, obwohl sie von ihrem Aussageverweigerungsrecht Gebrauch gemacht hatte. Dass es ein Skandal sei und eine Frechheit, wie diese Verhandlung hier geführt werde. Warum gäbe es Gesetze, wenn es hier niemanden interessieren würde. Der Richter machte eine Handbewegung, was so aussah wie, ah, was für ein Quatsch. „Ich lasse die Zeugin zu“, erwiderte der Richter. „Ich habe entschieden.“

„Sie müssen das gar nicht entscheiden“, sagte mein Anwalt, „denn das wurde schon von den Gesetzgebern entschieden und steht im

Gesetzbuch." Der Richter ließ nicht locker und sagte: „Ich weiß nicht, ob wir es verwenden werden, aber ich möchte sie trotzdem hören."

„Dann bitten wir um einen Gerichtsbeschluss", schimpfte mein Anwalt. Bei jedem Gerichtsbeschluss musste der Richter unterbrechen und mit den Schöffen beraten, um den Beschluss aufzusetzen. Das ist das Recht der Verteidigung, um später bei einer Beschwerde bei höheren Instanzen eine Chance zu haben. Natürlich störte das die fließende Handlung der Verhandlung, aber darauf war die Verteidigung auch aus.

Als Nächstes wurde der Polizist aufgerufen, der den Notruf führte. Ihm wurde von meinem Anwalt vorgeworfen, am Telefon ein Verhör durchgeführt zu haben, weswegen dieses Protokoll nicht zugelassen werden durfte, da meine Ex-Frau die Kronzeugin war, aber wahrscheinlich keine Aussage machen wollte. „Euer Ehren, wir stellen noch einmal den Antrag, die Aussage der Zeugin aus dem Protokoll zu streichen und nicht zu verwerten, da es gegen Gesetze verstößt." Der Richter sah uns an, und da er im Moment in seinem eigenen Zorn versank, hatte er Schwierigkeiten, sich darauf einzulassen. Er schaute so, als wolle er den Verteidigern an die Gurgel springen. Einen tiefen Seufzer hörte man durch das Mikrofon, dass der Richter vor seiner Nase hatte und vergaß auszuschalten. Der Richter unterbrach die Verhandlung und sagte, dass er die Anträge und die Haftentlassung in der nächsten Verhandlung entscheiden würde. Mein Verteidiger war schnell von Begriff, sein Geist ein Vakuum an Fakten. Er überdachte sie und fällte eine Entscheidung. Die Zeit war nicht auf unserer Seite. Teilweise hing das mit Beweisen in unserem Fall zusammen, Beweise, die nicht vorhanden waren. Es waren Stücke von einem Puzzle, die am Ende zusammengesetzt würden, um damit über Freiheit oder Haft zu entscheiden. Aussagen, die verschoben oder anders erzählt wurden, Zeugen, die gelogen hatten. All das sollte über mein Leben entscheiden. Hätten sie gewürfelt, wäre meine Chance größer gewesen. Vorgerichtliche Anträge waren die ersten Plänkeleien für das offene Gefecht. Sie waren wichtig, denn die waren das Fundament für den Konflikt, der folgte. Wenn ein Antrag abgelehnt wurde, wurde man vielleicht lebenswichtigen Beweismaterials beraubt, trug den Kampf auf einem Bein aus oder mit einem Arm.

Meine Erlebnisse hier lehrten mich vieles, nämlich, dass es gewisse Menschen gab, die in einer zivilisierten Gesellschaft fehl am Platz waren und im Grunde die Bezeichnung

Mensch nicht verdient hatten. Sie hatten zwar eine menschliche Hülle, aber das täuschte, tief im Inneren waren sie Monster. Wie konnte es sonst sein, das so abscheuliche Verbrechen passierten, die absolut sinnlos waren? Einige Täter in diesem Buch müssten die Bezeichnung Schlächter, Jäger oder Dämon haben. Ihre DNA war dieselbe wie unsere, aber das machte sie nicht gleich zu Menschen. Was trieb sie zum Töten? Experten versuchten es auf traumatischen Kindheitserlebnissen zu schieben, auf Misshandlungen durch Eltern oder auf Verachtung. Wir sind umzingelt von ihnen und sollten vorsichtig sein. Wir können sie nicht erkennen. In diese Kategorie fiel auch Bruno, 42 Jahre alt. Er war eine gepflegte Erscheinung mit dunklen, braunen Augen und Haaren. Er war wie eine auffällig massive Statue mit dicken Armen, die er nicht seinen Erbanlagen verdankte, sondern dem jahrelangen Stemmen von Gewichten. Er sah aus wie der hilfsbereite Pfadfinder, der ohne zu murren für seinen Nachbarn den Schnee vom Gehsteig fegte, einem liegengebliebenen Autofahrer Starthilfe gab oder auf den Baum kletterte, um die Katze zu retten. Aber so war es nicht. Auch ihn hatte das Schicksal wie so viele andere hierher verschlagen, weil er versuchte, einen Menschen zu töten. Sein Glück war, dass er es nicht schaffte. Wieder einmal bewies das Leben, dass wir niemals und nirgends sicher waren, wenn das Schicksal seine Hand nach uns ausstreckte, um uns daran zu erinnern, dass der Tod und das Leben ganz dicht beieinander liegen.

Die Tat, die Bruno in den Knast brachte, passierte außerhalb von Hamburg. Er wurde aus Sicherheitsgründen hierher verlegt. Wir hatten viele Monate zusammengearbeitet, saßen oft zusammen und unterhielten uns. Hier im Knast waren wir Brüder, Weggefährten und Psychologen zugleich. Denn wir hatten nur uns und somit nur wenige Zuhörer. Stück für Stück erzählte er mir von seiner Tat, die ich abends in meiner Zelle zusammensetzte. Er hatte mit seinem Freund einen Drogendeal über die Bühne gebracht und war unterwegs zu einem Treffen. Beide waren bewaffnet und angetrunken. Sie fuhren ihren Porsche über eine Landstraße, die ziemlich einsam und dunkel war. Den ganzen Tag hatte sich das Gewitter zusammengebraut und ließ jetzt seine Wut über den beiden aus. Es tobte mit aller Gewalt. Bruno und sein Freund schauten aus dem Fenster in den mit Blitzen durchzuckten Himmel. Heftige Böen rüttelten den Sportwagen wie eine Dose und der Regen prasselte an die Autoscheiben wie von zornigen Göttern herabgeschleudert. Ein lauter Knall ließ den PKW erneut erschüttern. Bruno musste bremsen. Der rechte Vorderreifen war geplatzt. Da standen sie nun. Irgendwo im nirgendwo. Es war stockdunkel. Er versuchte, den ADAC zu erreichen. Zwecklos. Das Wetter machte ihnen einen Strich durch die Rechnung. Während sie warteten, tranken sie eine Flasche Wodka leer. Erst als der Regen aufhörte und das Wetter sich beruhigte, konnten sie jemanden erreichen. Jetzt hieß es abwarten. Der Alkohol brachte Brunos Partner zum Schlafen. Nach einer Weile verließ Bruno den PKW, um sich die Beine zu vertreten. Er war stocksauer, dass sie keinen Ersatzreifen hatten. Mit den Drogen, den Waffen und dem vielen Geld könnte es gefährlich werden. In der Ferne sah er ein schwaches Licht leuchten.

Während er erzählte, stand ich auf und ging zum Fenster, um es zu schließen. Einen Moment hielt ich noch still und atmete die kühle Luft ein. Obwohl der Regen in der Nacht nachgelassen hatte, hingen an diesem Morgen immer noch tiefe graue Wolken am Himmel und die Luft war von Feuchtigkeit getränkt. Ich machte Bruno einen Kaffee und wir rauchten eine. Er zog fest an seiner Zigarette, schlürfte an seinem Kaffee und erzählte weiter.

Er ging in die Richtung, aus dem das schwache Licht kam, um Hilfe zu holen. Er folgte dem Waldweg, der so zugewuchert war, dass er mehrmals umkehren musste, um den Pfad wiederzufinden. Das Laub wurde dichter. Er warf einen Blick auf sein Handy und stellte fest, dass er kein Netz hatte. Als er nach vorne blickte, sah er ein scheinbar undurchdringliches Dickicht von Bäumen. Von hier aus schien sich der Wald jedoch zu lichten. Er steuerte auf die Lichtung zu, vorbei an den toten oder sterbenden Bäumen, von denen nur noch hohle Reste übrig waren. Plötzlich gab der Boden unter seinen Füßen nach und er versank bis zum Knöchel im Schlamm. Als er den Fuß herauszog, hätte er fast seinen Schuh verloren. „Scheiße“, schrie er, „wäre ich doch bloß im Wagen geblieben!“ Viele Jahre der Vernachlässigung hatten diesen Weg verrotten lassen. Er sah ein Schild mit der Aufschrift „Anwesen zu verkaufen“. Wer sollte in dieser gottverlassenen Gegend ein Haus kaufen, dachte er sich. Seine Sinne waren vom Alkohol getrübt. Er wollte nur noch ins Warme. Der Geruch von verrottetem Laub und feuchter Erde drang in seine Nase und brachten ihn beinahe zum Erbrechen. Der Weg wurde immer dichter, Sträucher und Äste versperrten seinen Weg. Endlich lichteten sich die Sträucher und er stand nur 50 Meter vor dem Haus. Es war ein Betonbau, dessen Anblick nur durch eine Grünanlage mit Sträuchern etwas abgemildert wurde. Doch auch diese hatte den

Kampf gegen die wild wuchernden Eindringlinge verloren.

Er hörte plötzlich auf zu erzählen und fixierte mich mit seinen dämonischen Augen und ich hatte das Gefühl, dass sein unheimlicher Blick bis in die dunkelsten Winkel meines Gehirns drang, dass er Dinge sehen konnte, die ich niemandem je zu sehen erlauben würde. „Dass du das ja für dich behältst", drohte er mir. Erst viel später erlaubte er mir, seine Geschichte zu erzählen, natürlich erst, als ich ihm mitteilte, dass ich alle Namen in meinem Buch ändern würde. Er ahnte auch, dass ich viel länger sitzen würde als er. Es würde eh niemanden interessieren, dachte ich mir, da bis zu meiner Veröffentlichung alle hier erwähnten Täter ihre Strafe abgesessen hätten und in Deutschland niemand ein zweites Mal wegen derselben Tat angeklagt werden konnte.

Während Bruno Richtung Gebäude stolperte, spielte sich im Haus nach Anklage, Urteil und der Aussage der Bewohnerin Laura Folgendes ab: Laura erwachte schwer atmend. Ihr Herz schlug wie wild, ihr Nachthemd war schweißnass. Ihre dünnen Vorhänge flatterten gespenstisch vor dem mondhellen Fenster und vor dem Haus knisterten dünne Äste und verstummten wieder. Laura schlug die feuchte Bettdecke zurück und starrte in die Dunkelheit, während ihr Herz allmählich langsamer schlug und der Schweiß auf ihrer Haut abkühlte. Sie hatte ein lautes Krachen gehört und das war sehr selten in dieser einsamen Gegend. Oder war ihr Ehemann früher zurück als geplant? Es war plötzlich auffallend still. Es dauerte eine Weile, bis sie registrierte, wie still es tatsächlich war. Sie war mit dem Zirpen der Grillen im Ohr eingeschlafen, aber jetzt hörte sie nichts mehr. Das Geräusch ihres Atems verstärkte die so vollkommene Stille. Laura stieg aus dem Bett und ging zum Fenster. Draußen ließ der Mond die Bäume silbrig schimmern und ergoss sein bleiches Licht über den Garten. Sie starrte hinaus, sah aber nichts, was sie beunruhigt hätte. Doch während sie am Fenster stand, merkte sie, dass die Nacht nicht vollkommen still war. Fast übertönt vom dumpfen Pochen ihres Herzschlages vernahm sie ein Klirren wie zerbrochenes Glas. Sie ging zur Tür und spähte auf den dunklen Flur hinaus. Im Dunkeln tastete sie sich den Gang entlang. Ihre nackten Füße glitten lautlos über das Holzparkett. Mit jedem Schritt verstärkte sich ihre Angst. Als sie das Badezimmer erreichte, fand sie die Tür nur angelehnt. Laura gab ihr einen leichten Stoß und sie sprang auf. Dort aber war nichts und sie ging weiter in die Stube. Das Zimmer war dunkel. Im Zimmer stand eine Gestalt. Im ersten Moment dachte sie, es wäre ihr Mann – bis die Gestalt sich zu voller Größe aufrichtete und ihr Schatten sich an der Gardine abzeichnete. Ein Fremder, dachte Laura sich und griff instinktiv den Brieföffner, der auf der Kommode lag. Als Laura erschrocken nach Luft schnappte, drehte sich sein Kopf blitzartig zu ihr herum und er kam auf sie zu. Bevor Bruno etwas sagen konnte, stach Laura mehrere Male in seine Brust und rannte fort. Jetzt stürzte sich Bruno auf Laura, aber sie war schneller und rannte zur Treppe. Polternde Schritte folgten ihr, als sie die Stufen hinunterstürzte. Ein Satz und Laura landete mit beiden Füßen hart auf dem Boden des Erdgeschosses. Die Haustür stand weit offen. Sie stürzte darauf los und fiel vor die Tür, wo Glasscheiben sich in ihre Fußsohlen bohrten. Doch sie registrierte die Schmerzen kaum, ihre Aufmerksamkeit war auf die Ausfahrt vor ihr gerichtet und auf die Schritte hinter ihr, die immer näher kamen. Sie sprang die Treppen hinunter und ihr Nachthemd flatterte wie Flügel in der warmen Nachtluft, als sie in heller Panik die Auffahrt hinunterrannte. Doch sie bog nicht ab in Richtung Waldrand, verschwendete keine Zeit darauf, zwischen den Bäumen Deckung zu suchen. Vor ihr lag die Straße, etwas weiter waren Häuser, wenn sie die erreichen könnte, dann wäre sie gerettet. Sie hörte die Schritte ihres Verfolgers nicht mehr, nur das panische Zischen ihres Atems. Bruno lag verletzt vor der Tür und war wütend und erbost. Ohne nachzudenken, zog er seine Waffe und schoss. Ein scharfer Knall. Die Kugel traf wie ein brutaler Tritt von hinten in Lauras Bein. Der Länge nach fiel sie hin und der Kies schürfte ihre Handflächen auf. Warmes Blut lief ihre Wade hinunter, als sie versuchte sich aufzurichten. Doch sofort knickte ihr Bein weg. Mit einem erstickenden Schrei sank sie auf die Knie, während Bruno dachte, was alles passieren würde, wenn sie zur Polizei gehen würde. Die Straße war so nah, dachte sich Laura. Leise schluchzend begann sie auf allen vieren zu kriechen. Geradeaus hinter den Bäumen war die Außenbeleuchtung eines Nachbarhauses zu erkennen. Das Keuchen und die Schritte kamen näher, die Steine schnitten in ihre Haut. Ihre Überlebenschancen hatten sich auf dieses einsame Licht reduziert, das wie ein Lagerfeuer durch die Zweige schimmerte. Unbeirrt schleppte sie sich darauf zu und zog ihr verletztes Bein nach, sodass sie eine Blutspur hinterließ. Ein Schatten schob sich vor sie und verdeckte das Licht. Er stand vor ihr und versperrte ihr den Weg. Als er sich zu ihr herab beugte, schloss sie die Augen und wartete auf den Knall der Pistole, den Einschlag der Kugel, der alles beenden würde. Ihr ganzes Leben lief wie ein Film vor ihr ab. In

Gedanken verabschiedete sie sich von ihrem Mann. Nie zuvor hatte sie ihr pochendes Herz so bewusst wahrgenommen wie in diesem Augenblick. Ein Augenblick, der sich endlos zu dehnen schien, so als wollte der Täter seinen Triumph auskosten und ihre Qualen verlängern. Durch die geschlossenen Lider nahm sie ein Flackern wahr. Sie schlug die Augen auf und sah ein blaues Licht. Sie war in dem grellen Scheinwerferlicht gefangen, am Boden knieend in ihrem dünnen Nachthemd. Kies spritzte von den schlitternden Reifen, als mehrere Wagen abbremsten. „Polizei, Polizei!", ertönte es laut. Das Letzte, was sie registrierte, war der Kies an ihrer Wange, als sie kraftlos zusammensackte. Der ADAC hatte auch die Polizei benachrichtigt, weil Bruno sich beim Telefonat mit dem ADAC betrunken anhörte. Ich weiß nicht mehr, ob ich atmete oder nicht, ob ich noch im Raum war oder bei Laura, die das nicht verdient hatte. Ich saß in einem Boot mit dem Tod und raste in den Abgrund.

Mitternacht. Ich schreckte aus dem Schlaf hoch. Mein Herz raste, als hätte ich einen Schock erlitten. Zersplitterndes Glas, ein Traum? Als ich noch klein war, hatte ich einen immer wiederkehrenden Albtraum gehabt. Riesen, die sich schwerfällig, aber unaufhaltsam bewegten, mit verzerrten, flachen Gesichtern. Ich rannte mit schweren, langsamen Beinen auf tiefe Brunnen und Schächte zu, die ich hinuntersteigen musste, um zu entkommen, doch auf dem Grund des Brunnens wartete etwas Düsteres und Gefährliches, manchmal eine gigantische Schraube, die sich wie eine übergroße Maschine drehte, manchmal wie ein schwarzes gleitendes Ding, das geräuschlos vorbeitrieb. Als ich merkte, dass ich im Bett lag und die Schatten der Gitterstäbe durch mein geöffnetes Fenster an die Wand geworfen wurden, merkte ich, dass die Realität schlimmer war als mein Traum. Ich sah auf die grünen Ziffern meines Radioweckers und stöhnte. Ich war so müde gewesen, dass ich um zehn ins Bett gegangen war. Jetzt war ich hellwach. Ich drehte mich um und versuchte mir das Kissen in den Nacken zu pressen. So ging es nicht. Ich probierte eine andere Stellung aus. Nun juckte es mir im Kreuz. Ich drehte mich auf den Rücken und starrte an die Decke. Ich glaubte Schatten zu sehen. Von draußen vernahm ich ein leises kratzendes Geräusch. Eine Art Knirschen und Rascheln. Langsam setzte ich mich auf und wickelte die Decke gegen die Kälte um mich, stieg aus dem Bett und schaute aus dem Fenster. Dunkelheit, irgendwas stimmte nicht. Ich strengte meine Augen an und sah eine riesige Ratte, groß wie eine Katze, die ihre Zähne in eine tote Taube gerammt hatte und sie Stück für Stück langsam quer über den Hof zog, um die Delikatesse in Sicherheit zu bringen. Ich hatte schon öfter Ratten hier gesehen, aber diese Größe war erschreckend.

Ingo B. war ein neuer Insasse ganz besonderer Art. Er war 34 Jahre alt, ca. 175 cm groß, kräftig gebaut, mit Bauchansatz. Er hatte rotes Haar, eine hohe Stirn, einen Schnauzer und kalte Augen. Er war ein Pädophiler. Er hatte mehrere kleine Kinder missbraucht und brüstete sich auch damit, indem er es mir erzählte. Er könnte nichts dagegen tun, es wäre ein inneres Verlangen, das ihn zum Monster machte. Ein Kammerbeamter verriet mir, dass er seine Akte gelesen hätte, und erzählte mir Details, die auch Ingo B. mir erzählte. Mir wurde speiübel. Ingo. B fragte mich, ob ich ihm Drogen besorgen könnte. Ich verwies ihn zu jemand anderem, denn es gab hier alles. Es war sehr leicht. Unter den Augen der Justiz ging alles viel einfacher und die Gefangenen waren echt clever. Manchmal wurden die Drogen in Tennisbälle gestopft und über die Mauer geworfen, einige versteckten sie in einem Kondom und schluckten die dann, andere brachten es beim Besuch mit. Da waren Mütter mit ihren Kindern, die ihren Ehemann und Vater besuchten und die Drogen vorher in den Windeln des Babys versteckten. Viele Frauen versteckten die Drogen in ihrem Mund, die dann beim Kuss übergeben wurden. Selbst Körperöffnungen, die tabu sein sollten, wurden genutzt. Die Ideenvielfalt und somit die kriminelle Energie einiger Gefangener war endlos. Die Liste der Möglichkeiten, an etwas Verbotenes heranzukommen, war unaufhörlich lang. Wenn alle Stricke rissen, waren ja noch die Beamten da, die bei entsprechender Bezahlung keine Skrupel hatten, Drogen, Handys und Alkohol zu besorgen.

Je länger ich hier in der Haft war, umso mehr wurde das Vertrauen der Mitgefangenen mir gegenüber größer. Aber trotzdem wunderte ich mich, dass viele über ihre Taten so offen sprachen und sich sogar damit schmückten und erzählten, wie sie wo jemanden hingerichtet hatten und was für ein Gefühl das war, als sie ihrem Opfer die Waffe an den Kopf hielten und abdrückten, während das Opfer um Gnade winselte. Das war kein Albtraum, nein, es war die Realität.

Seit einigen Tagen war ein neuer in der Anstalt. Er wurde verhaftet wegen Mordes an seiner Frau. Er war ein armes Häufchen Elend, hatte nichts auf seiner Zelle. Keinen Fernseher und kein Radio. Als Hausarbeiter bekam er von mir eine Portion mehr als andere, da ab und zu etwas übrig blieb. Ich sprach mit dem

Pastor und besorgte ihm ein Radio. Er hatte eine Einzelzelle und fast alle machten einen Bogen um ihn. Ich hatte immer einen Vorrat an Tabak und Kaffee im Schrank, denn das war das Wichtigste hier in der Haft. Weil er ein schmieriger Typ und ziemlich heruntergekommen war, interessierte mich sein Fall umso mehr. Er war eine Spur größer als ich, aber ziemlich fett, ein neunzig Kilo schwerer Kerl. Plumpe Hände, dicke Gelenke, schmutzige, abgerissene Fingernägel. Die leicht ergrauten, dünnen, fetten Haare, seitlich nach hinten gekämmt, wie es in den Fünfzigern modern war. Sein aufgeschwemmtes, rotfleckiges Gesicht, seine kleinen geröteten Augen verrieten seine Liebe zum Alkohol. Nach einigen Wochen verriet er mir sein tödliches Geheimnis. Während er damit prahlte, wie er die Leiche in seine Wohnung gebracht hatte, starrte ich völlig ausdruckslos auf ihn herab, während er auf seinem Bett saß. „Ich habe sie in die Badewanne gelegt, nachdem ich sie erschlagen hatte. Sie wollte mich anzeigen, weil ich einen Raub gemacht und sie mehrmals vergewaltigt hatte."

Mein Interesse, Menschen und Situationen hier in der Anstalt zu beobachten, um sie dann niederzuschreiben, verstärkte sich von Tag zu Tag, und ich hatte eine Menge zu tun, um meinen Hunger zu stillen. Auch die Situation der Anstalt war sehr kritisch und passte nicht zu den Berichten, die die Medien den Menschen mitteilten. Für die Insassen wiederum war es völlig normal, von ihren grauenhaften Taten zu erzählen. Vor Gericht schwiegen sie und machten keine Aussagen, weil ihre Anwälte sie zurückhielten, aber hier war niemand, der sie zurückhielt, und so redeten sie sich alles von der Seele, ohne Hemmungen zu haben. Und so kamen erstaunliche, nein, erschreckende Dinge an den Tag. Ich saß in einem Karussell des Schreckens und immer mehr Gäste stiegen ein.

Auch an mir gingen die extremen Erlebnisse nicht spurlos vorbei. Ich musste die Zähne zusammenbeißen und mich zusammenreißen, dass ich nicht auf den Erzählenden losging und nicht sonst etwas mit ihm tat. Oft drehte sich mir der Magen um, wenn die Täter ins Detail gingen, wie sie wo und wann jemanden vergewaltigten, ein Messer in den Körper rammten oder eine Kugel in den Kopf schossen. Während sie erzählten, sah ich in ihren Augen ein Flackern und ich fragte mich, was es wohl war. Reue, Furcht oder Freude? Oft sah ich die Seelen der Opfer in meinen Träumen und wachte schweißgebadet mitten in der Nacht auf, um wieder in einen noch hässlicheren

Traum abzutauchen und über die Schicksale der Menschen nachzudenken. Ich dachte, ich werde wahnsinnig, aber ich rappelte mich immer wieder auf und dachte, dass es auch ein Leben nach meinen fast 13 Jahren Haft gab. Natürlich haben Sie recht, wenn Sie sagen, ich hätte einfach aufhören können, aber das Schreiben lenkte mich ab, es war eine Therapie, denn ich hatte eine lange Zeit vor mir. Es war so, als wenn Hitchcock ein Drehbuch geschrieben hätte. Ich war mittendrin und ich konnte nicht mehr raus, gefangen in meiner eigenen Geschichte. Und in dieser Geschichte gab es eine Menge Hauptdarsteller.

Einer davon war Andreas L. Er war ein Hüne, braun gebrannt und 190 cm groß. Sein Haar war schwarz, seine Hände, mit denen er sich beim Näherkommen das Haar zurückstrich, waren groß und fleischig wie Brathähnchen. Er trug alte Leinenshorts und vergammelte Slipper. Obwohl er so schwer war, ging er fast lautlos. Er sprach mit einem Akzent, den ich nicht genau beschreiben kann. Das R gerollt und die Vokale ein bisschen kurz. Manchmal hatte er eine Art, abwechselnd an seiner Lippe zu fingern, darauf herumzukauen, an seinen Haaren zu zerren und die Haut am Rande seines Nagelbetts wegzukratzen. Es war so, als wollte er sich Stück für Stück abtragen und in alle Winde zerstreuen. Ab und zu betupfte er mit einem Papiertuch irgendeine blutende Stelle an seinem Gesicht oder seinen Armen. Es hieß, er sei ein Psychopath und hätte seine Freundin vergewaltigt und umgebracht. Ich unterhielt mich oft mit ihm, obwohl ich ihn nicht mochte, besorgte ich ihm Tabak und Kaffee. Denn das war hier eine Zwangsgemeinschaft und ich musste ihn ja nicht lieben, nein, ich wollte sein Geheimnis.

Eines Tages besuchte ich ihn in seiner Zelle. Dort stank es grauenhaft. Das Unwohlsein, nach mehreren Nächten nicht genug geschlafen zu haben, machte sich bei mir bemerkbar. Der Geruch von saurem Schweiß und kaltem Rauch in der Zelle verstärkte das Gefühl noch. Er ließ sich schwer auf den Stuhl fallen, der beinahe völlig von der enormen Körperfülle verdeckt wurde, und steckte sich eine Zigarette an. Die Oberlippe war von Kautabak deutlich ausgebeult. Ich nahm die Hand vors Gesicht und musste mich fast übergeben. Dieser Mann konnte seit Jesus Zeiten nicht mehr geduscht haben. Ganz lässig pulte er sich den Kautabak aus dem Mund, sah sich unsicher um und schmierte den Klumpen auf die Innenseite des Aschenbechers, den ich ihm gereicht hatte. Mit der freien Hand schob er sich seine Haare hinter die Ohren. Er erzählte mir, dass er eine ältere Freundin vor sieben Jahren vergewaltigt und getötet haben soll. Er konnte sich nicht mehr daran erinnern oder wollte es nicht. Er hatte in der Zeit viel Alkohol getrunken. Aber ehrlich gesagt, auch für jemanden ohne Alkohol und Drogenprobleme wäre es unmöglich zu sagen, was man vor vielen Jahren an einem Ort zu einer bestimmten Zeit getan haben soll. Sie wären befreundet gewesen, fuhr er fort. „Sie war viel älter als ich und hatte viel Geld. Wir hatten lange Zeit ein Verhältnis. Ich arbeitete nicht und es kam mir sehr gelegen, dass sie mich aushielt." Natürlich, wem würde das nicht gefallen? Die Polizei hätte DNA von ihm gefunden, das wäre aber normal, immerhin hätten sie ja zusammen gelebt. Er sprach langsam und deutlich, damit ich ihn verstehen konnte. Ich hatte das Gefühl, als würde eine Schallplatte mit falscher Geschwindigkeit abgespielt, als käme es darauf an, schnell alle Informationen zu sichern, bevor die Zeit abgelaufen war und das Grammophon wieder aufgezogen werden musste. „Wir hatten Würstchen gebraten", fuhr er fort, ohne dass ich ihm folgen konnte. „Sie schrie mich an und sagte, dass sie dazu keine Lust mehr hatte, dass ich immer zu Hause herumsitzen würde und sie alles bezahlen müsste. Ich hatte schon sehr viel und Verschiedenes getrunken. Ich sagte, sie soll ihren Mund halten und dass sie sowieso keinen anderen bekommen würde. Dann plötzlich fummelte sie an mir herum und ich machte mit, aber plötzlich sagte sie, ich sollte meine Finger von ihr nehmen, und das machte mich rasend. Ich war erregt und konnte mich nicht zurückhalten. Ich dachte, sie wollte, aber sie spielte mit mir. Also schubste ich sie aufs Bett und machte mich über sie her. Je mehr sie schrie, desto erregter wurde ich. Sie wehrte sich, aber ich machte weiter. Ich war total besoffen und konnte nicht anders. Danach ging sie ins WC und ich schlief ein. Als ich aufwachte, lag sie auf dem Boden. Sie war tot. Ich wusste nicht, was passiert war, und flüchtete."

„Bist du sicher, dass du es nicht warst?", fragte ich ihn. „Vielleicht hattest du einen Filmriss?"

„Ich weiß es nicht", sagte er, „aber ich hoffe, ich war es nicht. Warum sollte ich so etwas tun? Nach so vielen Jahren wollen sie mir es anhängen, weil sie niemanden anderen gefunden haben. Ich glaube nicht, dass ich es war." Er schloss die Augen, als ob er den Gedanken an Schlaf ungemein verlockend fand. Er gähnte laut und entblößte eine Reihe schlechter Zähne. Etwas verschmäht zog er seine Packung Zigaretten aus seiner Jackentasche. Langsam steckte er sich eine an, nahm einen Lungenzug und räusperte sich. Er stützte sich den Kopf in die Hände, sodass sein Haar ihm ins Gesicht fiel. Der Vorhang war gefallen, die

Vorstellung zu Ende und ich hatte nur Bahnhof verstanden. Aber was hatte ich erwartet, dass hier irgendjemand normal wäre?

Meine Hand spürte mein Gesicht, aber mein Gesicht spürte meine Hand nicht. Ich ließ mich wieder auf die Bettdecke sinken und versuchte, dorthin zurückzukehren, wo ich mich eben noch befunden hatte. In einen Traum, an einen Ort ohne Gefühle, Geräusche und Gedanken. Es war vor allem der Geruch, der mich davon abhielt, die Augen zu öffnen. Es roch nach Krankenhaus. Ich würde noch früh genug erfahren, weshalb ich hier war. Das Nächste, was durch das Dunkel drang, war eine Stimme. „Hallo", rief sie wie vom anderen Ufer eines Flusses. So weit weg, dass ich sie ignorieren konnte, ohne unhöflich zu sein. Die Geräusche entfernten sich, aber der Geruch blieb. Der Geruch wurde intensiver mit jedem Atemzug. Ich wollte durch den Mund atmen. Es war so, als ob ich ihn nur zur Hälfte öffnen könnte. Ich betastete ihn. Wieder das gleiche Gefühl. Meine Finger spürten die Lippen, aber meine Lippen die Finger nicht. Doch mein Mund war offen. Ich konnte meine Zähne berühren. Auch sie waren gefühllos, jedenfalls die auf der rechten Seite. Meine linke Gesichtshälfte fühlte sich normal an. Ich konnte auch meine Füße bewegen und spürte die Bettdecke an meinen

Zehen. Ich tastete meinen Arm ab. Am rechten Vorderarm stieß ich auf ein Heftpflaster, dann auf einen Infusionsschlauch. Ich spürte Panik hochkommen, aber noch immer weigerte ich mich, meine Augen zu öffnen. Ich befühlte meinen Kopf. Meine Haare auf der fremden Hälfte fühlten sich seltsam an. Wie eine Mütze. Ein Verband? Auch auf der linken Seite stimmte etwas nicht. Am Hinterkopf klebte ein Pflaster über einer schmerzhaften Stelle. Hatte man mich operiert? Ich riss meine Augen auf. Der Raum war abgedunkelt. Ich konnte eine Infusionsflasche erkennen, die neben dem Bett an einem verchromten Ständer hing. An der Wand stand ein Tisch mit einem Blumenstrauß, darüber ein Kruzifix. Über meinem Kopf hing ein Haltegriff. Ein Kabel wickelte sich daran mit einer Klingel, auf die ich jetzt panisch drückte. Nach einer Ewigkeit wurde die Tür geöffnet. Eine Gestalt zeichnete sich im Neonlicht des Ganges ab, näherte sich und knipste eine Nachttischlampe an. „Ja, bitte?" Die Kissen und das schräg gestellte Kopfteil zwangen mich in eine halb sitzende Position. Die dünne Frau an meinem hohen Bettrand war fast auf Augenhöhe. Sie trug eine lose blaue Baumwollbluse über einer Hose aus dem gleichen Material und ein Namensschild, das ich nicht entziffern konnte. Sie fühlte meinen Puls und fragte, ohne ihre Uhr aus den Augen zu lassen: „Wo sind Sie?“ Das wollte ich sie fragen. „Keine Ahnung?“, fragte sie. Ich schüttelte vorsichtig mit dem Kopf. Sie ließ mein Handgelenk, nahm das Krankenblatt vom Bettgestell und notierte etwas. „Sie sind im Lazarett.“

„Weshalb?“, fragte ich.

„Sie haben eine Mittelohrentzündung und eine Kopfverletzung. Sie sind wohl gestürzt.“ Ich betastete meinen Kopf. Meine rechte Gesichtshälfte fühlte sich taub an. Auf meinem Schädel spürte ich ein Pflaster oder einen Verband. Die Schwester schob mich mit meinem Bett in ein Sprechzimmer. Dr. Vogel war einer der dicksten Männer, die ich je gesehen hatte. Er stemmte sich aus einem extrabreiten Sessel hinter dem Schreibtisch und kam auf mich zu. Bei jedem Schritt musste er mit dem einen Bein ausholen, damit er es am anderen vorbeibrachte, so dick waren seine Oberschenkel. Dazu schwang er die kurzen Arme, die von seinem runden Körper abstanden. Er reichte mir eine weich gefütterte Hand und musste sich dabei etwas abwenden, damit ihm sein Leib nicht im Wege stand. Schweißperlen standen ihm auf der Stirn und sein Hemd klebte, obwohl es im Raum kühl war. Er blätterte schwer atmend in meinen Unterlagen. „Das hätte ins Auge gehen können“, sagte er und beendete meinen Tag.

Ich beschwerte ich mich bei der Abteilungsleiterin Frau B., dass ich auf eine Doppelzelle wollte, da es mir nicht gut ging. Die wiederum antwortete mir, dass ich schauspielern würde. Mir ging es immer schlechter. Nach mehreren Besuchen beim Arzt, Gesprächen mit dem Anstaltspsychologen, den Beamten und der Anstaltsleitung schaltete ich meinen Anwalt und der den Richter ein. Am nächsten Tag bekam die Anstaltsleitung ein Fax vom Richter, der verfügte, dass ich sofort auf eine Gemeinschaftszelle verlegt werden sollte. Einen Tag später nur standen die Abteilungsleiter vor meiner Zelle und sahen nicht erfreut aus, nein, sie waren sogar sehr erbost. „Ach, Sie haben den Richter eingeschaltet", sagte die Abteilungsleiterin zu mir, „das werden Sie noch bereuen." Ich fragte, ob sie mir drohen wollte. Was konnte man mir noch nehmen? Ich war ja schon 23 Stunden eingesperrt. Nach einer Weile wusste ich, was passieren konnte. Ich kam nicht mehr zum Arzt, meine Anträge verschwanden, ich hatte keinen Sport mehr, durfte nicht zur Spielgruppe, auch der Gottesdienst, der jeden Gefangenen vom Gesetz zustand, fiel für mich aus, nur weil ich mein Recht suchte. Die Selbstmordstatistik wird auch weiterhin steigen, wenn Beamte und Anstalt nach ihrem eigenen Ermessen handeln, die Insassen demütigen, menschenunwürdig behandeln, in die Enge und somit in den Tod treiben. Es ist niemand da, der die Situationen der Insassen überprüft. „Hier herrschen andere Gesetze“, erklärte mir ein Beamter, „und nicht die, die im Gesetzbuch stehen. Wir können hier tun und lassen, was wir wollen.“ Leider hatte er recht.

Also verlegten sie mich in eine Dreimannzelle. Ich wusste aber, dass die Sache einen Haken haben würde. Beide Personen waren drogenabhängig und zogen und spritzten abends immer. Ich hatte nie etwas mit Drogen zu tun. Vom Regen in die Traufe. Jetzt ging es mir richtig schlecht. Einer der beiden Insassen war Klaus, er war ca. 1,80 groß, hatte blonde Haare und blaue Augen. Hinter seinem unschuldigen Gesicht verbarg sich ein schreckliches Geheimnis. Seine Reaktionen und sein Verhalten zeigten mir, dass etwas an ihm nagte. Er war bereits öfter verurteilt worden, weil er früher schon Gewalttaten verübt hatte, mit Drogen, Waffen und verbotenen rechtsextremistischen CDs handelte. Er erzählte mir, dass er seine Freundin über alles geliebt und nun Angst vor der Familie des Opfers hatte. Er war wie ein schlummernder Vulkan, extrem kräftig und psychisch schon angeschlagen. Er erzählte mir, dass er es vielleicht gewesen sein könnte, er sich aber nicht erinnern würde. Nach ein paar Tagen vertraute er mir seine Geschichte an. Er wäre mit seiner Freundin auf einer Hochzeit gewesen, hätte viel Alkohol und Drogen konsumiert. Zusätzlich hatte er Tabletten geschluckt, weil er depressiv war und schon länger in ärztlicher Behandlung. Als sie zu Hause waren, stritten sie sich lautstark und er wurde handgreiflich. Dann plötzlich ein Filmriss und der Morgen danach. „Sie lag tot neben mir. Ich war panisch und wusste nicht, was passiert war. Ich saß auf der Couch und weinte.“ Was war passiert? Hatte ich sie umgebracht, fragte er sich. Das Zimmer war verwüstet. Er rief seinen Bruder an, um sie zu verstecken. Sie wickelten sie ein und überlegten sich, was sie mit der Leiche machen sollten. Plötzlich stoppte er, überlegte und schlug mit voller Wucht in die Schranktür. Mit einem lauten Krachen brach die Tür entzwei. Was für eine Kraft der hatte. Er setzte sich. „Vielleicht war ich es gar nicht“, sagte er, „aber wer dann?“ Er sagte, ich solle gehen, was ich auch tat, denn dieser Mensch war hochexplosiv.

Einige Tage später stand Herr St. plötzlich vor meiner Tür. Er war mein Ansprechpartner. Er sagte, ich sollte packen und wieder auf seine Station kommen, denn er könnte nicht mit ansehen, was die Beamten mit mir hier machen würden. Ich sollte mir jemanden aussuchen, mit dem ich auf eine Zelle wollte. Das war meine Rettung. Seit Monaten wurde ich hier von den Beamten willkürlich schlecht behandelt und erniedrigt. Und ich war nicht der Einzige.

Peter K. sah aus wie irgendein Drogensüchtiger, den man gerade auf der Straße aufgegabelt hatte. Seine Augen waren blutunterlaufen, sein fettiges Haar nachlässig zu einem Pferdeschwanz gebunden. Seinen Klamotten sah man deutlich an, dass er darin seit Längerem geschlafen hatte, und seine Jeans war so zerfranst, dass sie sich bei einer der nächsten Wäschen ganz in ihre Einzelteile auflösen würde. Peter K. war 54, zweifellos ein erwachsener Mann, auch wenn er im Moment wesentlich jünger und sehr verletzlich aussah. Er wirkte schmerzlich falsch am Platz und sein schmächtiger Körper ging fast unter in den großen Gängen der Anstalt. Er hatte seine Zelle im Schlauch, wo die harten Fälle von allen anderen getrennt waren. Er soll sich an einem achtjährigen Jungen vergangen haben. Mit Pizza und Leckereien soll er sein Opfer in seine Wohnung gelockt haben. Wenn er in den Gängen herumlief, zuckten seine Blicke hin und her, als versuchte er herauszubekommen, von welcher Seite die Attacke kommen würde. Er musterte immer wieder die anderen in der Freistunde mit leicht amüsierter Miene und es war ein Blick, der mich ärgerte. Er schien zu sagen: „Ich bin intelligenter als ihr alle hier oder irgendein Gericht.“ Ich hörte, wie ein Insasse ihn Kinderschänder nannte. Doch Peter. K machte sich nichts daraus, nein, er lächelte und sagte: „Pass ja auf, dass dich niemand rannimmt.“ Als ich ihm das Frühstück in die Zelle brachte, lagen verschiedene Zeitschriften in seiner Zelle mit Berichten über Thailand und Kindesmissbrauch. Wollte er seine Lust steigern, sich informieren oder war es Zufall? Wie kam es, dass es so viele Menschen gab, die so schreckliche Taten an Kindern ausführten, oder andersherum, es gab wahrscheinlich viel mehr, die nicht erfasst waren. In jedem Menschen ruht das Böse, heißt es, bis es irgendwann ausbricht. Es existiert einfach, es hat uns immer begleitet und tut es noch. Etwas, was auf seine Chance wartet, seine Gier zu stillen. Die meisten Menschen glauben nicht an seine Existenz und sie erkennen es nicht einmal, wenn sie auf Tuchfühlung mit ihm sind, wenn sie ihm auf der Straße begegnen. Denn das Böse erkennt man nicht an den Augen, am Gang, am Geruch, an der Sprache eines Menschen, nein, man ist ihm hemmungslos ausgeliefert. Ich spreche nicht von alltäglichen Verbrechern. Ich rede nicht von Drogendealern oder Menschen, die sich ihre Konkurrenz vom Hals schaffen. Die Personen, die sich als Menschen ausgeben, aber nichts Menschliches mehr besitzen, könnten ganz in Ihrer Nähe sitzen, Ihnen freundlich die Tür aufhalten und Sie anlächeln, könnten der nette Kassierer an der Tankstelle sein oder Ihnen morgens frische Brötchen verkaufen, um dann irgendwann vor dem Spielplatz Ihr Kind abzufangen und ihm etwas anzutun.

Am nächsten Tag drehte sich das Gruselkarussell weiter, neue Insassen lösten ihre Fahrscheine und stiegen ein, so wie auch Alex. Er war groß und stämmig, strähnige, aschblonde Haare. Seine Augen wirkten grau, obwohl sie eigentlich blassblau waren. Heute trug er Jeans, einen schwarzen Rollkragenpullover und darüber eine schwarze Lederjacke. Über seiner linken Augenbraue prangte eine Narbe. Alex erzählte jedem, der es hören wollte, dass sie von einer Messerstecherei mit einem durchgedrehten Junkie stammte. Er war angeklagt wegen Geldwäsche in großem Stil. Es war ganz nett, Geld zu besitzen, aber bis man es in sauberes Geld verwandeln konnte, besaß es praktisch keinen Wert. Er erzählte weiter, Geldwäsche war ein Verbrechen, das nur existierte, damit die Früchte anderer Verbrechen geerntet werden konnten. Indem man die Erträge krimineller Aktivitäten durch legale Unternehmen kanalisierte, verwandelte man unrechtmäßig erworbenes Geld in scheinbar ehrlich verdientes. Wenn nun jemand bei einem investitionsbedürftigen Unternehmen einstieg, wie Alex es ausdrückte, geschah das oft gegen den Willen der Besitzer, mit Erpressung, angedrohter oder tatsächlicher Gewaltanwendung, also mithilfe weiterer Straftaten. Kriminelle Machenschaften waren die Haupteinnahmequelle seiner Familie. Alex□ Vater saß wegen Mordes schon mal kurz hinter Gittern, wurde aber nach einem Jahr entlassen, weil er es nicht war. Er machte auch kein Geheimnis daraus, dass seine Familie in der Drogenszene genauso mitmischte wie beim Glücksspiel, illegalen Kreditgeschäften und anderen Aktivitäten, die ich für mich behalte. Seine Firma wurde nur gegründet, um den kriminellen Aktivitäten einen ehrbaren Anstrich zu verpassen, ihre illegalen Geschäfte führten sie oft quer durch Deutschland und andere Länder. Sie waren mehr unterwegs als zu Hause. Tag für Tag musste ich diese Informationen zusammentragen und notieren, damit ich es nicht vergaß.

Es war Mitte Juni, ich glaube der 15., als sich bei den Jugendlichen drüben in der Anstalt ein 16-Jähriger das Leben nahm. Er erhängte sich.

Wieder einmal starb ein Mensch in dieser Horror-JVA. Der junge Mann, der zwei Jahre wegen Drogenhandels in der Anstalt sitzen musste, starb qualvoll mit dem Laken an seinem Hals an den Gittern seiner Zelle. Eine Dienstanfängerin, Frau M., erzählte mir, dass sie vorher in der U-Haft eine Zeit lang bei den Jugendlichen gearbeitet hatte und sie das Opfer kannte. Er war Ausländer, verstand kein Deutsch. Aber normal konnte er nicht gewesen sein, denn er fragte sogar die Beamten nach Drogen. Der war schon durchgeknallt. Zum Glück war ich nicht mehr dort, denn die Zelle des Opfers war auf der linken Seite, für die ich zuständig war. Der hatte sich schon einmal versucht umzubringen, indem er eine Plastikgabel zerbrach, sich in den Hals rammte und blutüberströmt behandelt werden musste. In den Medien wurde berichtet, dass der Verstorbene keine Probleme hatte und nicht selbstmordgefährdet war. Der Versuch wurde unter den Teppich gekehrt, wie vieles andere. Die Außenwelt und die Familie des Opfers werden wohl die Wahrheit nie erfahren.

Ich las mal ein Bericht in einer renommierten Zeitschrift, dass ein Forschungsprogramm eine Studie über Sexualmorde durchführte. Kurz gesagt geschieht Folgendes: Jeder Mörder, der sich dazu bereit erklärt, wird von Psychologen hinsichtlich seines Hintergrunds, dem Verhalten während und nach der Tat befragt. Man sieht seine Vorstrafen an, sammelt Daten zu den Opfern. Die Statistik zeigt, dass Sexualmörder vornehmend weiß sind, gewöhnlich ältere Söhne, Erst- oder Zweitgeborene. In beinahe der Hälfte aller untersuchten Fälle hatte der Vater die Familie verlassen, bevor der Täter zwölf war. Vierzig Prozent der Täter wohnten schon vor dem 18. Lebensjahr nicht mehr zu Hause. Fast alle waren als Kinder missbraucht worden. Psychisch, physisch oder sexuell. Die Mehrheit war mittelmäßig bis überdurchschnittlich intelligent. Aber es war eben nur eine Statistik und die musste ja nicht stimmen. In die Kategorie passte auch der Neue, der seit einigen Tagen hier war.

Er wurde wegen Mordes verhaftet. Jeden Tag habe ich ein Stückchen daran gearbeitet, seine Geschichte festhalten zu können. Er hatte eine Einzelzelle und fast alle machten einen Bogen um ihn. Ich besorgte ihm ein Radio vom Pastor. Obwohl er schmierig und ein heruntergekommener Typ war, interessierte mich sein Fall. Er war nur eine Spur größer als ich, aber ziemlich fett, ein 100-Kilo-Mann. Plumpe Hände, dicke Gelenke, schmutzige, abgerissene Fingernägel. Die leicht ergrauten Haare hatte er seitlich nach hinten gekämmt, wie es in den Fünfzigern modern war. Sein aufgeschwemmtes, rotfleckiges Gesicht und seine kleinen geröteten Augen verrieten seinen Hang zum Alkohol und sein Atem stank fürchterlich. Ich hatte ihn so weit und fragte, was passiert war. Während er damit prahlte, wie er die Leiche in die Wohnung gebracht hatte, starrte ich völlig ausdruckslos auf ihn herab, während er auf seinem Bett saß. „Ich habe sie in die Wanne gelegt, nachdem ich sie aus Wut erschlagen hatte. Ich war stockbetrunken. Es sah aus wie ein blödsinniger Badewannenunfall. Ausgerutscht, unglücklich aufgeschlagen, mit dem Kopf auf die Armaturen gefallen. Nach ein paar Tagen fing die Leiche an zu stinken. Ich rief die Polizei, nachdem ich versucht hatte, die Spuren zu beseitigen." Meine Beine drohten zu versagen und mit zittriger Stimme bat ich ihn weiter zu erzählen. Das Gestell seines Bettes ächzte und quietschte unter seinem Gewicht. Eine eigenartige Ruhe breitete sich aus, während ich ihn beobachtete und er stoppte, um Luft zu holen. Er erzählte weiter, dass er seinen Mund gehalten hatte und sie es ihm nicht beweisen könnten. Mein Albtraum ging weiter.

Mittlerweile wurden meine Verhandlungstermine auf 30 aufgestockt. Wie wollte er mir etwas beweisen, was ich nicht getan hatte? Als wir wieder in der Anstalt waren, klopfte ich beim Hausarbeiter an der Tür, um nach Zahnpasta zu fragen. Ich trat ein und er sagte, ich sollte schnell die Tür schließen. Nun wusste ich auch warum. Auf den Tisch hatte er mehrere Bahnen Kokain gelegt und sie zogen es sich zu dritt durch die aufgerollten Geldscheine in die Nase. Ihre Augen waren geweitet und sie sprachen schnell und unverständlich. Ich hielt es für sicherer, mich zu entfernen, obwohl sie mir etwas anboten. Es war so normal wie das schlechte Essen hier, dass die Insassen Drogen konsumierten, um die Haft besser zu ertragen. Aber zum Glück war ich nicht auf die Schiene gerutscht wie viele hier. Wenn man aufgab, hatte man verloren und stürzte sich in die Drogen. Ich zitiere die Aussage eines Jugendlichen, den ich im Lazarett traf: „Ich wurde dazu getrieben, die Beamten mochten mich nicht.“ Außerdem kam noch hinzu, dass er Probleme mit seiner Freundin hatte und ihm der Fernseher entzogen wurde. Die Anstalt hatte hier wohl wieder Fehler gemacht und das nicht zum ersten Mal. Wir werden es niemals erfahren, da solche Dinge nie an die Öffentlichkeit dringen und es niemals eine Anklage geben wird. Die Anstalt schützte sich immer selber. Viele Fragen würden aufkommen. Aber anstatt Antworten wird die Familie des Jungen die leblose Leiche ihres Kindes bekommen, das sich aufhängte. Niemand schaute der Anstalt über der Schulter. Keine Instanz fragte sich, warum sich die

Menschen umbrachten. Was passierte hier hinter dicken Mauern mit schweigsamen Beamten wirklich? Niemand konnte oder wollte recherchieren, um die Wahrheit herauszufinden. Denn es gab nichts Schlimmeres, als die Mauern des Rechtsstaates zu erschüttern. Ist es nicht kriminell, wenn man etwas schönredet oder die Wahrheit verschweigt, in einer Situation, wo ein Mensch gestorben ist? Hatte die Anstalt die Lizenz dafür, die Wahrheit zu verschleiern, nur um sich selber oder der Gemeinschaft in der Anstalt nicht zu schaden, um nicht belangt zu werden? Hatte die Familie der hier in der Anstalt verstorbenen Menschen nicht das Recht, in einem Rechtsstaat die Schuldigen, die es verhindern hätten können, vor Gericht zur Verantwortung zu ziehen? Versetzen Sie sich bitte in die Lage der Familie, die einen Menschen verliert, der in der Obhut des Staates ist.

Schon vor einiger Zeit kletterte ein Jugendlicher auf das Dach und drohte, dass er sich umbringen wollte. Der Grund war so plausibel wie einfach. Er wollte nur Besuch von seiner Familie haben, die ihm von der Anstalt warum auch immer verboten wurde. Schon damals konnte die Betreuung des Jugendlichen wohl nicht wirklich gut sein und die Sicherheit genauso wenig, denn er kletterte an einem unbeaufsichtigten Klettergerüst nach oben. Wieder hätte es keinen Schuldigen gegeben. Mit ein paar Gesprächen hätte die Anstalt die Probleme des Jugendlichen erkennen und beheben müssen. Denn das verlangt jeder Mensch von einer Anstalt, die den Menschen eine Nummer gibt und entscheidet, wann er wo was machen darf.

Ein Jugendlicher, der aus dem Jugendvollzug herausgenommen und in den Erwachsenenvollzug gesteckt wurde, nahm sich mit einer Überdosis Heroin das Leben. Er lag auf der 1, die den klangvollen Namen „Drogenfreie Station“ trug. Die Fragezeichen drehen sich bei mir im Kopf. Wie kann eine Person auf einer drogenfreien Station an Heroin und an das Spritzbesteck kommen, um sich in Ruhe den goldenen Schuss zu setzen? Was war mit dem russischen Gefangenen, der 2009 auch an einer Überdosis Heroin starb, nachdem er eine Menge Tabletten und Methadon im Körper hatte? Sollte nicht die ganze Anstalt drogenfrei sein? Leider war es nicht so, denn die Anstalt war wie eine große Apotheke und die Tür stand weit offen. Ein Skandal, wenn man an den Libanesen denkt, der an einer Überdosis Anabolika verstorbenen sein soll, und an den Gefangenen, der sich zu meiner Zeit wegen mangelnder psychologischer Behandlung in der U-Haft erhängte. Man kam als sauberer und gesunder Mensch in die Anstalt und ging als Drogenkonsument und psychisch Kranker wieder heraus, direkt in die Therapie, die Unmengen an Steuergeldern verschlang und den Insassen wieder in denselben Kreislauf schickte.

Klick-klack, meine Zellentür ging auf. Es war Freistunde oder sollte sein. Denn um 10.20 Uhr ging der Alarm los und die Gefangenen wurden weggeschlossen. Auch die Hausarbeiter mussten auf ihre Zellen. Ich überlegte mir, was wohl wieder passiert sein könnte. Ich lag auf meinem Bett und sah die Nachrichten auf N24. Eine Laufschrift unten am Bildschirm klärte mich auf. Ein 20-jähriger Gefangener soll in der Freistunde drüben bei den Jugendlichen über ein Gerüst geflüchtet sein. Vor Kurzem passierte so etwas schon einmal in Dresden und nun auch hier. Die Beamten verteilten um 14.00 Uhr selber das Mittagessen und zehn Minuten später sogar das Abendessen. Um 16.00 Uhr sah ich in den Nachrichten, dass der Gefangene aufgegeben hatte und vom Dach heruntergestiegen war. Um 16.30 Uhr wurde der Alarm aufgehoben, aber unsere Türen gingen nicht auf. Es kümmerte niemanden, dass wir noch gar keine Freistunde hatten und dass Gesetz es ausdrücklich vorschrieb, dass jeder Gefangene jeden Tag eine Freistunde haben musste. Aber wieder einmal missbrauchte die

Anstalt ihre Macht gegenüber den Menschen, die noch nicht einmal verurteilt waren, also als unschuldig galten. Es war nicht verwunderlich, dass Justitia die Augen verbunden hatte, denn sonst würde sie vor Scham erblinden.

Es war ein Tag von vielen, als ich Zeuge einer Flucht werden sollte. Ich wurde zum nächsten Termin gefahren. Wieder sagten zehn Zeugen aus, dass sie niemanden erkannt hätten. Ein guter Tag, wenn man bedenkt, dass die Zeugenzahl auf 60 erhöht wurde, aber bisher niemand etwas Näheres sagen konnte. Dennoch merkte ich immer wieder, wie der Richter versuchte, die Zeugen zu beeinflussen, um ihnen etwas zu entlocken, was zu meiner Verurteilung führen könnte. Nach der Verhandlung wurde ich mit anderen in eine Wartezelle gebracht. Wir warteten auf den Transporter. Ein junger Mann, der Erdal hieß und aus Hamburg kam, hatte sein Urteil kassiert. Sechs Jahre bekam er für eine Körperverletzung. Obwohl zwei andere ihn bis vor seine Tür verfolgten, um ihn dann anzugreifen, er sich nur verteidigte und zustach, weil sie ihm die Luft abdrückten, sah der Richter es anders. Das Opfer überlebte. Ich saß auf dem Stuhl, während er hin und her lief. Er war aufgebracht und wütend. Ich versuchte ihn zu beruhigen, indem ich ihm sagte, dass er in die Revision gehen könnte. Aber beruhigen sie mal einen jungen Menschen von 24 Jahren, der sechs Jahre bekam, weil er sich verteidigte, um nicht selber getötet zu werden. Die Richter verteilten die Jahre wie Schokolade an Ostern. Der Beamte sagte, dass der Transporter gleich da sei. Erdal sagte mir, dass er fliehen würde. Natürlich glaubte ich ihm nicht, denn wie sollte er denn an mich gekettet fliehen können, ohne meinen Arm abzureißen? Aber ich musste doch zugeben, dass er schlauer war, als ich dachte. Wir wurden zusammengekettet. Als wir heruntergehen wollten, sagte Erdal dem Beamten, dass die Handschellen zu eng seien und seine Handgelenke schmerzten. Der Beamte machte die Handschellen lockerer. Erdal knickte sein Handgelenk so schlau, dass es so aussah, als wenn er nicht herausschlüpfen könnte. Der Beamte funkte nach unten und sagte, dass er uns jetzt herunterschicken würde. Also gingen wir aneinandergekettet den engen Flur alleine hinunter. Unterwegs vom dritten Stock nach unten flüsterte mir Erdal zu, dass er jetzt fliehen würde und er seine Hand herausgezogen hätte. Ich war verdutzt. Es stimmte, seine Hand war draußen. Er nahm das Ende einfach in seine Hand, ohne dass auffiel, dass er nicht mehr mit mir zusammengekettet war. Als wir unten ankamen und vor der Tür standen, passierte es. Plötzlich, nur in

Sekundenbruchteilen ließ er mich los, rannte um den Transporter, zog sich am Zaun hoch, stellte sich oben auf den Rand, der mit spitzen Zacken ausgestattet war, und sprang drüber. Weg war er. Es kam Panik auf. Zwei Beamte schrien laut „Flucht, Flucht!“ Niemand kümmerte sich um mich. Ich hätte einfach so über den großen Mülleimer über die Mauer springen können und keiner hätte es gemerkt. Aber ich glaubte an Gerechtigkeit, und wenn ich fliehen würde, könnte man denken, dass ich schuldig war. Erdal war weg. Die Beamten waren hoch gelaufen, um Verstärkung zu holen. Ich stieg in den Transporter und setzte mich. Es dauerte eine Weile, bis ein Beamter erschöpft und weiß wie Kreide angestürmt kam. Er sagte: „Gott sei Dank, dass Sie nicht geflohen sind, zwei an einem Tag, das wäre zu viel. „Ich bin unschuldig“, sagte ich, „warum soll ich fliehen?“

Erdal war schon seit zehn Tagen auf der Flucht. Alle Gefangenen freuten sich für ihn, denn auch sie kannten seine Situation. In den Medien wurde Erdal als gewalttätig beschrieben und 1700 Euro Belohnung wurden ausgesetzt. Aber ich wusste, dass es nicht so war. Ein paar Tage später kam ein Sicherheitsbeamter, schenkte mir einen Kaffee ein und stellte Fragen über Erdal. Ob ich was über die Flucht wüsste oder wo er sein könnte, wer die Handschellen angelegt hatte. Ich dachte, ich höre nicht richtig. Ich sagte ihm, dass ich ohne meinen Anwalt gar nichts sagen würde. Denn ruckzuck würde man mir einen Strick drehen. Ich erklärte dem Beamten, auch wenn ich etwas wissen würde, würde ich nichts sagen.

Es war nun ein Jahr her, als ich verhaftet wurde, somit waren die Sicht- und Witterungsverhältnisse wie an dem Tag, als ich die Tat verübt haben sollte. Es war 21.30 Uhr, als wir mit einem Bus zum Tatort gefahren wurden. Die Aussage der Polizisten, die vor Gericht ausgesagt hatten, dass sie aus 200 Metern in der Dunkelheit, bei schlechter Witterung eine Person gesehen hätten, die so wie ich eine Daunenjacke getragen haben sollte, wurde vor Ort widerlegt. Der Richter war verdutzt, wie das hätte sein können, da man die Hand vor den Augen nicht sehen konnte. Es war nichts Neues, dass Polizisten mal etwas gesehen haben wollen, um die Anklage zu stärken. Der Richter sagte, dass man Fingerabdrücke gefunden haben müsste, wenn ich den Wagen berührt hätte, jedoch waren keine vorhanden. Die Anklage war total auf den Kopf gestellt. Es war unglaublich. Ich wurde als Täter angeklagt, ohne dass irgendwelche Zeugen oder Beweise vorhanden waren. So lange war ich jetzt in Haft. Obwohl ich am Tatort gewesen und jemanden verletzt haben, den PKW mehrmals angefasst, die Türen geöffnet und jemanden angegriffen haben sollte, gab es weder DNA-Spuren noch eine Tatwaffe, keine Zeugen, die mich gesehen hatten, und jetzt noch keine Fingerabdrücke. Wie kann ich dort gewesen sein oder jemanden verletzt haben?

Sie hatte eine Haut wie chinesisches Porzellan, pechschwarzes Haar und Augen von der Farbe gerösteter Mandeln. Sie war ca. 1,90 groß, geballte brasilianische Weiblichkeit. Das Wachstum war hauptsächlich in die Beine gegangen, die in Rio anfingen und bis zum Zuckerhut reichten. Sie war 26, angehende Rechtsanwältin aus Hamburg und mit ihrem Chef zur Besichtigungstour. Sie hätte locker bei „Germanys Next Topmodel“ mitmachen können und ihre Chancen wären verdammt noch einmal sehr gut. Ja nun, so eine Schönheit hier reinzuschicken, egal warum und weshalb, zwischen Gefangenen, die nur aus Männern bestand, seit Monaten keine Frau gesehen hatten und sich wie Raubtiere in einem Käfig fühlten, die vor der Fütterung standen, das war nicht gerade schlau. Aber vielleicht wollte man die Gefangenen mit einem Blickfang nur aufmuntern. Auf jeden Fall würden alle Gefangenen, die einen Blick auf Miss Grazia werfen konnten, wenigstens heute Nacht gut schlafen können. Sie erinnerte mich an die Freundin eines anderen Gefangenen, der mir seine Geschichte erzählte.

Die Geschichte von Andreas Schwarz. Schwarz traf in einem grünen Kleinbus hier ein. Er war mit Handschellen gefesselt und zwei Beamte hielten ihn an den Armen. Er war mit ihnen von Dresden hierher verlegt worden. Es hieß, er habe vier Monate einer fünfjährigen Haftstrafe wegen Totschlags abgesessen. Aus Gründen, die ich nicht wusste, hatte er eine Verlegung beantragt, aber seine Gründe interessierten hier sowieso niemanden. Er war nur einer von vielen Insassen in der JVA. Bevor er in die Strafhaft verlegt werden konnte, musste er hier in der U-Haft warten. Er war 39 Jahre und geschieden. Er hatte ein breites Gesicht und sehr dunkles Haar, hervorstehende Wangenknochen, die Augen eines Raubtieres und die Nase eines Boxers. Er war Mitarbeiter einer großen Werbefirma in Dresden. Andreas erzählte mir, dass er ein Versager sei, weil er alles verloren hatte. Familie, Kinder, Arbeit, einfach alles. Ich versuchte, ihn wieder auf den Teppich zu holen. „Nicht jeder, der hier sitzt", sagte ich, „ist ein Versager. Nur wer die Chance nicht wahrnimmt, hinterher sein Leben zu ordnen und wieder hierher kommt, der ist ein Versager", erklärte ich ihm. Die meisten hier waren Versager und kamen ganz gut zurecht, obwohl sie sehr tief gefallen waren und hier unmenschlich lebten. Viele waren Wiederholungstäter, die sich ihre vier, fünf oder zehn Chancen vermasselt hatten. Die meisten waren sogar gerne hier, weil sie draußen keine Perspektive und keine sozialen Bindungen hatten. Einige der Gefangenen machten nach ihrer Entlassung weiter, wo sie aufgehört hatten, und kamen in einen Kreislauf, aus dem es kein Entkommen mehr gab, so wurden sie schon bei Einlieferung zu Versagern abgestempelt. Schwarz erzählte weiter: „Nein, du verstehst nicht. Noch vor einem Jahr war ich mit einer Frau verheiratet, die eine große Firma besaß, ich hatte drei Kinder gehabt, die mich liebten, und ein großes Haus in einem noblen Stadtteil. Zwei Mal im Jahr flogen wir alle zusammen in den Urlaub. Alles verloren.“ Wie sich die Schicksale manchmal gleichen. Er zündete sich eine Zigarette an. Seit Jahren hatte er nicht mehr geraucht. In den ersten zwei Monaten hatte er der Versuchung noch widerstanden. Jetzt half ihm das Rauchen, die Langeweile zu ertragen, doch er beschränkte sich auf eine Schachtel täglich. Sein Blutdruck war mal zu hoch, mal zu niedrig. Herzkrankheiten waren in seiner Familie häufig. Er glaubte, dass er die Haft in einer Kiste verlassen würde. Er zählte die Tage bis zu seiner Entlassung. Ich hatte schon aufgehört zu zählen. Ich erklärte ihm, dass er sich daran gewöhnen würde, denn etwas, was nicht tötet, würde den Menschen, das Herz und die Seele nur abhärten. Jedoch hatte ich auch schon gesehen, dass sich Menschen von heute auf morgen an einem Bettlaken an den Gittern ihrer Zellen aufhängten. Ich fragte ihn, warum er hierher verlegt wurde. „Ich wurde misshandelt und angegriffen", sagte er. „Das letzte Mal war ich dabei, einen Abstellraum aufzuräumen, als plötzlich zwei Beamte in der Tür standen. Ich bekam einen Schlag und stürzte zu Boden, durchbrach dabei einen ganzen Stapel Leinwände und Glas klirrte. Leinöl lief mir den Rücken hinunter, ein Karton platzte auf und Farbtuben fielen mir in den Schoß. Ich versuchte mich aufzurichten, rutschte auf etwas aus und fiel wieder hin. Einer der Beamten packte ein Büschel Haare auf meinem Kopf, riss mich daran hoch und warf mich zur Tür hinaus. Ich landete zuerst mit dem Gesicht auf dem Boden, überschlug mich zweimal und blinzelte zum Schluss in das Licht des Himmels. Der Beamte sah auf mich herab und grinste. ‚Geht es Ihnen gut, Herr Schwarz?' ‚Nein', sagte ich, ‚was fällt Ihnen ein? So eine Behandlung lasse ich mir nicht gefallen.' Ich bekam einen Tritt in die Seite. Ich riss reflexartig die Knie an die Brust, schlang die Arme um die Beine und stöhnte auf. Der zweite Beamte entdeckte die andere

Seite und trat noch einmal zu. Der Schmerz machte mich fertig. Die Konturen der Beamten verschwammen vor meinen Augen und ich bekam keine Luft mehr. ‚Dass Sie mir ja nicht ohnmächtig werden, Arschloch', sagte einer der Beamten." Andreas stockte beim Erzählen und war völlig aufgelöst. Ich sagte ihm, dass ich ihn verstehen kann. Er wollte mir nicht erzählen, in welcher Anstalt er war. Er hatte sich beschwert, aber niemand glaubte ihm, denn die Beamten hinterließen keine Spuren. Schläge in den Magen und Nierenbereich kann kein Arzt nachweisen. Ich sagte: „Oh ja, ich glaube dir, denn ich habe hier schon Pferde kotzen sehen." Ich beruhigte ihn und ging in meine Zelle.

Als ich aus dem Fenster schaute, rief jemand meinen Namen. Es war Joe, mit dem ich lange auf einer Zelle war und der jetzt drüben in der Strafhaft saß. Er erzählte mir, dass Sascha, der hier lange Zeit keine Drogen genommen hatte, jetzt total abgestürzt war. Joe sagte mir, falls ich eine Strafe bekommen sollte, sollte ich sagen, dass ich auf die drogenfreie Abteilung verlegt werden wollte. „Was heißt das?", fragte ich ihn. Er erzählte mir, dass die ganze Anstalt mit Drogen überschwemmt sei und fast alle süchtig seien. Aber auf der 4 könnte man es noch aushalten. Die meisten nahmen Heroin, weil der Nachweis nach zwei Tagen nicht mehr möglich war. Hasch oder Gras baute der Körper langsamer ab, weil es Öl enthielt. Unglaublich, aber wahr.

Überall prangte sie an den Justizgebäuden. Justitia, die römische Göttin der Gerechtigkeit, aufrecht und durch nichts zu erschüttern. Zu römischen Zeiten hielt sie einen Ölzweig in der Hand, als Symbol des Lebens. Seit dem späten Mittelalter bis heute ist der Ölzweig durch das Schwert ersetzt, als Zeichen für eine gerechte Strafe. Die Augenbinde trägt sie, weil sie ihre wichtige Arbeit ohne Ansehen der jeweiligen Person verrichtet, die Waage als Symbol für sorgfältige Abwägung unabhängig, unbestechlich nur der Verfassung, dem Recht und der Wahrheit verpflichtet, sich ihrer eigenen definierten Macht bewusst und keiner anderen Macht zugeneigt, engagiert, realitätsbewusst und selbstkritisch. Amen, dachte ich mir. So sollte eine demokratische Justiz eigentlich aussehen. Nur unter diesen Bedingungen würden die unbestechlichen Hüter des Rechtsstaates ihrer Aufgabe und Stellung als dritte Gewalt gerecht werden. So war es leider nicht. Denn wegen des Straftatbestandes der Rechtsbeugung und der Strafverfolgung im Amt in Zusammenhang mit Fehlurteilen gab es in der bundesdeutschen Rechtsgeschichte bisher kaum eine Verurteilung. Weshalb wohl? Weil Richter und Staatsanwälte sakrosankt (unantastbar) sind? Ist es die Angst, die bei öffentlichen Fehlurteilen die Justizkasse durch Schadenersatzprozesse belasten würde? Oder ist es das alte Krähensystem, nach dem eine Krähe der anderen kein Auge aushackt? Deswegen gibt es auch nach einer Recherche einer renommierten Zeitung ca. 5 % Unschuldige in den deutschen Anstalten. Bei 70.000 Gefangenen in Deutschland wären es 3500 Menschen, die unschuldig verurteilt wurden. Hier in der JVA wären das ca. 30 unschuldige Insassen.

Doch wieder zurück zu etwas Grundsätzlichem. Der feine Unterschied zum normalen Bürger, dem Staatsanwälte wie Richter eigentlich dienen sollten, besteht bekanntlich in ihrer Machtfülle. Genüsslich weiden unterdessen schon jetzt manche Richter und Staatsanwälte ihre Allmacht aus, als wahre Götter in Robe. Transparenz und Kritikfähigkeit, viel beschworene Prinzipien der Justiz mutieren endgültig zur Farce, wenn Vertreter der Justiz selbst Täter werden. Dann ist höchste Energie gefragt, dann wird die Sache zur Unkenntlichkeit gebogen und gebeugt. Blinde werden sehen, Lahme werden gehen und deutsche Rechtsprechung wird Gerechtigkeit erzeugen. Es ist ein frommer Wunsch geblieben. Bereits 1982 schrieb der ehemalige Bundesverfassungsrichter Willi Geiger: „In Deutschland kann man statt einen Prozess zu führen ebenso gut würfeln.“ (Deutsche Richterzeitung Nr.9/1982/Seite 325) Egon Schneider war lange Jahre Richter am Oberlandesgericht Köln und arbeitete danach als Rechtsanwalt. Seine Erkenntnisse und Erfahrungen mit der Justiz fasste er 1999 in folgenden Satz zusammen: „Es gibt in der deutschen Justiz zu viele machtbesessene, besserwissende und leider auch unfähige Richter, denen beizukommen offenbar ausgeschlossen ist.“ Auf Nachfrage, ob er im Jahr 2007 das Gleiche nochmals behaupten würde, antwortete er: „Es hat sich nichts verändert. Im Gegenteil. Es ist noch schlimmer geworden.“ Und der Beweis saß bei meiner Verhandlung am Richtertisch. Hatte die Justiz einen Freifahrtschein und das Recht, Menschenleben und Existenzen zu zerstören, Kinder von ihren Vätern, Frauen von ihren Männern, Brüder von Schwestern zu trennen, sie in die U-Haft zu stecken, ihnen auch noch ihren Stolz, ihre Würde zu nehmen und manchmal auch ihr Leben? Ja, sie hatte es. Hier in der JVA gab es schon mehrere Todesopfer. Vielleicht eine kleine Zahl, vier, fünf oder sechs. Nur eine kleine Statistik. Dennoch sollte man davon ausgehen, dass sich hier unschuldige Menschen das Leben nahmen, weil sie die Spielchen der JVA nicht ertragen konnten. Aber das System schützte sich selber gegen Anzeigen, Vermutungen und Nachforschungen der Familienangehörigen der Toten. Niemals würden die Verantwortlichen zugeben, dass sie einen Fehler gemacht hatten, und wenn, dann würden sie sich herausreden und straffrei davonkommen, wie bei vielen Toten hier, die sich während meiner Haftzeit das Leben genommen hatten. Im Gegensatz zu den Otto-Normalverbrauchern, die nicht unantastbar waren und keine besondere Behandlung genossen.

Kevin war einer davon. Er war eine imposante Erscheinung, trotz seines wackeligen Körperbaus. Er war nur 1,70 groß und so dünn, dass der Witz umging, man könnte ihn im Profil nur dann sehen, wenn er die Zunge herausstreckte. Außerdem hatte er fast keine Haare auf dem Kopf und ein Zwei-Euromünzen großes Brandmal im Gesicht, das unter dem linken Auge begann und halb über den Rücken seiner höckerigen Nase reichte. Er war 62, aber die meisten schätzten ihn zehn Jahre jünger, weil in seinem Gang ein kraftvoller Schwung lag und er voller Energie steckte. Seine Augen waren graublau und stechend und seine gesunden Zähne perlweiß. Er lag nebenan mit anderen Genossen. Kevin hatte eine Geldstrafe abzusitzen und war schon eine Weile hier. Es wurde gemunkelt, dass er alles hatte, was man brauchen würde hier im Knast. Ich überlegte, was sie damit meinten, alles, was man braucht? In der Freistunde ging ich zu seiner Zelle, um zu fragen, ob er ein Handy für mich hätte. Vor seiner Zelle stand jemand Schmiere. Ich ging hinein. Kevin stand mit zwei anderen im Raum und zeigte ihnen mehrere Beutel. Gras, Koks und Heroin. Wie im Supermarkt, wo Lebensmittel angeboten wurden, gab es hier Dogen im Überfluss. Die Beamten hatten zwar die Schlüssel, um die Gefangenen ein- und aufzuschließen, das war aber auch alles. Kevin ging arbeiten, weil er eine Geldstrafe absaß. Normalerweise schrieb das Gesetz es vor, Geldstrafen und U-Häftlinge zu trennen, aber wer hielt sich an Gesetze, wenn es niemand kontrollierte. In der Mittagspause saßen alle in der Kantine und die Geschäfte florierten. Unter den Augen der Beamten wurden Alkohol, Handys und Drogen übergeben. Immerhin kostete hier ein gebrauchtes altes Handy bis zu 150 Euro. Alkohol gab es schon für 20 Euro die Flasche. Es ging das Gerücht herum, dass einige Beamte mitverdienen würden, aber dazu später mehr. Viele Türen hatten Löcher oder Schlitze, wo die Drogen durchgeschoben wurden. Beim Aufschluss der Zellen sah man regelrecht, wer mit wem wo Geschäfte machte.

Die beiden letzten Verhandlungen spielten sich wieder und wieder vor meinem geistigen Auge ab. Worte, Sätze, ganze Abschnitte von Zeugenaussagen, lebendig in der Art, wie ich mich jetzt an sie erinnerte, als danach, als ich sie zum ersten Mal gehört hatte. Immer wieder hörte ich den Staatsanwalt, wie er seine Fragen stellte, eine nach der anderen, mit der Hoffnung, dass jemand etwas erzählen und er mir die Tat unterschieben konnte. Aber diesmal lauschte ich ohne Wut und Empörung, die ich empfunden hatte, als ich sie hörte. Ich lehnte mich zurück, schwang ein Bein über das andere und blickte aus dem Fenster. Es war spät, aber trotzdem schienen viele Lichter bis zu den Bäumen am Ende der Mauer. Die Polizeiberichte und die Aussagen von Zeugen hatten sich verändert, aber ich merkte, dass ich sie anders las als früher. Danach hatte ich sie mit Vorsatz studiert, was das Gericht mir überhaupt beweisen wollte, irgendein Beweis, egal wie klein, aber ich konnte nichts finden. Ich hatte immer wieder die Aussagen durchgelesen, um herauszufinden, was überhaupt geschehen war. Vielleicht konnte irgendeine Zeugenaussage mir erklären, was dort passiert war. Vielleicht war ich schuldig, aber ich hatte niemanden verletzt.

Das Gericht wusste, wie man logisches Den-

ken benutzte und missbrauchte. Es hieß, Oberstaatsanwalt P. wäre gut in dem, was er tat, unberechenbar und herzlos. Sein Ruf eilte ihm voraus. Er wäre gründlich und präzise, hieß es. Obwohl auch er nur ein Mensch war, dem Fehler unterliefen, hielt es ihn nicht davon ab, seine Linie weiterzuverfolgen, ohne Rücksicht auf Verluste. Er vermittelte einen derartig selbstbewussten Eindruck, dass jeder merkte, dass es eher Arroganz war. Er gehörte zu den Staatsanwälten, die einem als Letzter gratulierten, wenn sie den Fall verloren, was selten vorkam, denn Staatsanwälte und Richter teilten sich die Macht von Göttern, nicht die Art von Göttern, die man anbetet, eher, die man verachtet, weil sie sich herausnahmen, was nur Gott kann. Nämlich einen Menschen zu richten. Obwohl die Polizei ihre Fehler nie eingestand, hatte sie trotzdem welche begangen, als diese vor Gericht herauskamen, beachtete der Richter diese nicht. Fehler, die über Schuld und Unschuld entscheiden konnten. Die Polizei ließ einen Verdächtigen vom Tatort wegfahren, vergaß Personalien aufzunehmen, obwohl er der Täter hätte sein können. Eine Polizistin schwor, dass sie jemanden am Tatort sah, der mir ähnlich sah. In einer regnerischen Nacht, Mitte Dezember, aus 150 Metern, wo es stockdunkel war. Auch dieses wurde bei einer Tatortbesichtigung widerlegt.

Es war nichts Neues, dass die Polizei mit falschen Aussagen die Anklage untermauerte und somit dem Staatsanwalt den Rücken stärkte, um eine Verurteilung zu bezwecken.

Das Karussell des Schreckens drehte sich immer weiter. Schneller und schneller. Immer mehr seelenlose Wesen, die einen Menschen verletzt, getötet, betrogen, Überfälle begangen oder mit Kilos, Tonnen oder Schiffsladungen Drogen gehandelt hatten, lösten ihr Ticket und stiegen ein.

So wie auch Charly. Er war 36 Jahre alt und dunkelhaarig. Über die Kieferpartie lag der Schatten eines starken Bartwuchses. Sein Gesicht war ernst, seine Haltung voller Präzision. Er trug sorgfältig gebügelte dunkle Hosen und kurzärmlige Hemden mit Kragen. Er zog Kakihosen und Hemden mit geknöpftem Kragen vor. Er sah eher aus wie eine Führungsperson einer großen Computerfirma als ein Vergewaltiger. Die meisten Vergewaltiger waren nach Aussagen von Spezialisten Serientäter. Die einzige Ausnahme war der Opportunist, der bei einer Verabredung die Gelegenheit nutzte. Dieser Typ von Vergewaltiger missbraucht seine Opfer für gewöhnlich nur einmal. Welcher von den Typen er war, erzählte er mir nicht, nur dass er unschuldig wäre und ein Miststück aus einer Diskothek ihn angezeigt hatte. Sie machte ihn an und sie gingen zu ihr nach Hause. Sie waren völlig besoffen. Als sie einen Rückzieher machen wollte, brachte er sie dazu, Spaß zu haben, so seine Aussage. „Die können mir gar nichts beweisen, so viele Zeugen haben gesehen, dass sie mit mir herumgemacht hat.“ Er wurde überführt, weil er es abstritt, dass er mit ihr Sex hatte. Zwischen 48 und 72 Stunden nach solchen Taten sind immer noch Spuren im Körper. Die Spurensicherung machte einen Abstrich am Opfer. Sie fanden Spuren im Intimbereich und ein Bluttest gab ihm den Rest. „Ja und“; sagte er zu mir, „sie wollte Spaß haben, aber brauchte einen kleinen Kick, und den habe ich ihr gegeben.“

„Das sieht nicht gut aus für dich“, sagte ich ihm. Aber ich hatte schon eine Menge gesehen. Die Waage von Justitia war nicht so gut geeicht und so konnte es passieren, dass du als Unschuldiger in den Gerichtssaal kamst und als Schuldiger wieder hinausgingst oder umgekehrt.

Mein Verteidiger erklärte mir, dass es die halbe Miete war, den Zeugen die richtigen Fragen zu stellen und nur Fragen, zu denen man die Antwort schon kannte. Zuerst kam es mir komisch vor, eine Frage zu stellen, worauf ich die Antwort schon kannte, das war im Leben nicht normal, aber vor Gericht konnte es dir das Leben retten. Denn neben den drei Richtern saßen zwei Schöffen, das waren zwei Bürger, die berufen wurden, mit zu entscheiden. Die Richter hatten Akteneinsicht und kannten alle Aussagen von Zeugen, auch die, die nicht verwendet werden durften. Aber die Schöffen mussten sich selber ein Bild über den Tathergang und über die Beweise und Zeugenaussagen machen, die vor Gericht vorgelegt wurden. Sie konnten das Urteil mit beeinflussen und die Richter auf die Unschuldsvermutung hinweisen. Da die Richter schon von der Anklage her nicht mehr objektiv sein konnten, denn jeder Mensch, ob er will oder nicht, hat seine eigene Meinung, verurteilten sie voreingenommen, das taten die Schöffen nicht, so die Theorie. Wenn Richter Fragen stellten, waren die Antworten schon klar, jedenfalls die meisten. Denn sie erwarteten nur negative Antworten, die den Angeklagten belasten würden, also stellten sie dementsprechende Fragen. Genauso arbeitete die Verteidigung. Auch wenn wir die Antworten kannten, mussten es die Richter, die Zuschauer und die Schöffen hören, damit man sich einen Vorteil erspielen konnte. Ich hatte auch öfter Fragen im Kopf, die ich stellen wollte, aber mein Verteidiger hielt mich ab, denn ich kannte die Antworten nicht. „Niemals schlafende Hunde wecken“, erklärte er mir, „denn auch, wenn du unschuldig bist, können sie dir einen Strick drehen. Sie müssen beweisen, dass du schuldig bist, also warten wir, bis der Staatsanwalt vorlegt, damit wir entkräften können. Wenn zum Beispiel keine DNA abgenommen wurde, können wir deine Unschuld nicht beweisen, der Staatsanwalt aber auch nicht deine Schuld." Ich dachte am Anfang, dass ich auf Kaution rauskommen und die Termine von außerhalb wahrnehmen könnte. Die einzige Frage, die das Gericht sich stellen konnte, ging dahin, ob ich zur Verhandlung erscheinen würde oder nicht. Zwei Faktoren wurden berücksichtigt. Zum einen die Strafe, falls es zu einer Verurteilung kommen würde. Falls die Anklage eine schwerwiegende war, wäre es riskanter, die Hinterlegung einer Kaution zu erlauben. Die Gefahr, dass ein Beschuldigter das Weite suchte, war bei Mord erheblich größer als bei einem Ladendiebstahl. Gleiches galt, wenn der Beschuldigte vorbestraft war und deshalb mit einer langen Haftstrafe rechnen musste. Der zweite Faktor, der bei der Gewährung von Kaution eine Rolle spielte, waren soziale Bindungen des Beschuldigten. Die Familie, das Heim, der Job. Einem Mann, der beispielsweise mit Frau und Kindern in derselben Wohnung lebte und seine Arbeitsstelle um die Ecke hatte, würde man eine Kaution gewähren, wogegen man einem Beschuldigten, der keine Familie in der Stadt hatte, der erst sechs Wochen zuvor seine Wohnung bezogen hatte und arbeitsloser Musiker war, eine Kaution wahrscheinlich verweigern würde. Von den Gerichten erwartete man nicht, dass sie die möglichen Gefahren in Betracht zogen, die ein Beschuldigter für sie darstellte, denn das käme einer Verurteilung gleich. Dennoch wurde es in der Praxis so gehandhabt. Einer Person, die in eine gewalttätige Auseinandersetzung verwickelt war, wurde mit höherer Wahrscheinlichkeit eine Kaution verweigert als jemandem, der keine Gewalt angewendet hatte.

Immer wieder passierten Dinge, die den Knastalltag negativ belebten. Es war ruhig in der Zelle. Bernd schnarchte und Yusuf hatte seit 42 Stunden kein Auge zugetan. Er versuchte sich darauf zu konzentrieren, was er morgen dem Richter sagen würde. Er saß mit seiner üblichen Stellung in der Zelle, mit dem Rücken zur Wand und ertappte sich immer wieder beim Einnicken. Mehrmals zuckte er zusammen und wurde wach, aber schließlich erwies die Natur sich doch stärker als seine Willenskraft. Er schlief tief und fest, als ihn ein schmerzhafter Fußtritt wach riss. Keuchend starrte er hoch. Bernd stand mit geweiteten Augen, in denen der nackte Wahnsinn erkennbar war, über ihn gebeugt und brüllte: „Du hast mein Hasch geklaut. Du Scheißkerl. Wo hast du es versteckt, wo? Gib es sofort raus oder ich bring dich um.“ Yusuf handelte, ohne zu überlegen. Er schoss wie eine Sprungfeder vom Boden hoch, streckte den rechten Arm starr aus und stieß zwei Finger in Bernds Augen. Bernd schrie schmerzerfüllt und wich zurück. Yusuf folgte und schien zu versuchen, die Finger durch Bernds Hirn in dessen Hinterkopf zu bohren. Ich dachte, oh Gott, und alles wegen ein paar Gramm Haschisch. Ich drückte auf Licht, damit die Beamten die Schlägerei beenden sollten. Bernd tat einen weiten Schritt zurück. Er ließ sich auf das Klo fallen und legte die Hände schützend vor die Augen. Yusuf griff nach Bernds Kopf, zog ihn rücksichtslos nach vorn und stieß ihm das Knie ins Gesicht. Blut schoss aus Bernds Mund. Yusuf packte ihn am Hemd, riss ihn von der Klobrille und warf ihn zu Boden. Er war schon fast dabei, ihn mit den Füßen zu bearbeiten, als sein Wutanfall plötzlich verging und er wieder klar denken konnte. Er starrte den blutenden Bernd an. „Oh nein“, murmelte er. „Was habe ich getan?“ Endlich flog die Zellentür auf und die Beamten stürmten herein.

Es war die Zeit, als die Gefangenen die Nase voll hatten von den katastrophalen Zuständen hier in der U-Haft. Die Situation war schon lange unerträglich für uns. Also rafften wir uns auf und verfassten eine Beschwerde. Die Beschwerde enthielt die unhygienischen Zustände in den Duschen (Pilzbefall), dass wir seit Monaten keinen Sport hatten, dass Lebensmittel teilweise abgelaufen waren, dass Brot schimmelig ankam, die Speisen verkocht waren. Ebenfalls fiel der Gottesdienst aus, obwohl Religionsfreiheit bestand und der Gottesdienst ein fester Teil der Anstalten sein musste. Nicht zu vergessen die unprofessionelle Behandlung der Ärzte, die schon abgestumpft waren, die dreckigen, nach Urin stinkenden Warteräume, die immer überfüllt waren, wo die Gefangenen wie Tiere eingepfercht wurden. Bei acht Duschen, wovon vier defekt waren, war es unmöglich, dass ca. 100 Gefangene in einer Freistunde duschen konnten. Mathemamatisch unmöglich. Mit dem Einkauf klappte es auch nicht so, wie es sein musste. Auf gut Deutsch gesagt, es brannte lichterloh in der Anstalt. Die Rechte der Gefangenen wurden willkürlich eingeschränkt. In einer Freistunde legten wir den Gefangenen die Beschwerde vor und ließen sie unterschreiben. 102 Gefangene waren derselben Meinung wie der Verfasser der Beschwerde und setzten ihre Unterschrift mit Namen und Zellennummer auf die Beschwerde. Wir kopierten das Schriftstück und gaben eine an Herrn S., der wiederum die Beschwerde in der Konferenz der Anstaltsleiterin der U-Haft gab. Da wir aber schon wussten, dass die Beschwerde nicht fruchten würde, gaben wir eine Kopie einem Gefangenen mit, der entlassen wurde und sich direkt an die Presse wendete. Es war ein Montag, als ich und noch ein Gefangener ins Büro geholt wurden. Zwei Beamte und die Anstaltsleiterin waren anwesend. Sie sagte, dass sie Anrufe von Redakteuren verschiedener Zeitungen bekommen hätte. Ein Fax mit einem Artikel aus der TAZ hätte sie auf die Palme gebracht und sie wüsste nichts über irgendwelche Beschwerden. Die Presse hätte ganz genau beschrieben, was in der Anstalt vorginge und welche Zustände hier herrschten. Sie fragte mich, wer die Beschwerde geschrieben hätte. Ich sagte, dass der Name im Artikel stand. Tatsächlich war Torsten zur Presse gegangen und hatte darauf bestanden, dass sein Name dort erwähnt wurde. Er hatte nichts zu befürchten, denn er war schon entlassen. Die Quittung kam prompt, denn plötzlich war am selben Abend die Heizung ausgefallen und es war saukalt. Eiskalte Zellen und kein Wasser zum Duschen. Die Duschen würden bald erneuert werden, was sie aber niemals wurden und Sport hätten wir auch bald, zu Weihnachten, als Weihnachtsgeschenk.

Dass deutsche Gerichte gerne Deals mit Angeklagten machten, zeigte auch der Fall eines 24-jährigen Albaners, der auf einer bekannten Discomeile in eine Schießerei verwickelt sein sollte. Obwohl der Angeklagte halb totgeschlagen und durch eine Kugel verletzt wurde, sah das Gericht in ihm den Hauptschuldigen. Eine der Personen, ein Mitglied einer großen bekannten Familie, die auch in die Schießerei verwickelt war, bekam 18 Monate auf Bewährung. Über 30 Verhandlungstage musste der Albaner Barin durchhalten, bis eine Situation das ganze Konzept des Gerichts in eine prekäre Situation brachte. Eine der Richterinnen musste aussetzen. Die Situation spitzte sich so zu, dass die Verhandlung für längere Zeit unterbrochen werden musste, um dann mit einem neuen Richter von vorne zu beginnen. Das Gericht war in einer Zwangssituation, denn der Haftbefehl musste eventuell aufgehoben werden. Dass dieser Fehler nicht die Schuld des Angeklagten war, passte dem Gericht nicht ins Schema, denn dadurch kam es in Verzug und machte dem Angeklagten ein Angebot. Wenn er einer achtjährigen Haftstrafe zustimmte, würde das Gericht von weiteren Verhandlungstagen absehen und die Sache beenden. Falls er es nicht annehmen und die Verhandlung von vorne beginnen sollte, dadurch Steuergelder und viel Zeit vergeudet würden, dann würde ihn das Gericht zu zwölf Jahren verurteilen, egal ob bewiesen oder nicht. Unglaublich, aber wahr. Natürlich nahm der Angeklagte es nicht an. Nach erneuten 38 Verhandlungstagen forderte der Staatsanwalt neun Jahre und sechs Monate. Das Gericht verurteilte ihn zu zehn Jahren und sechs Monaten. Das Urteil war einzigartig. Obwohl das Urteil auf versuchten Totschlag lautete, war die Höhe des Urteils auf ein Totschlagdelikt gestützt. Der Zorn des Richters traf einen Menschen, der laut Aussage eines angesehenen Gutachters in Notwehr handelte, mit voller Kraft, obwohl der Fehler der Unterbrechung beim Gericht lag. Einen Unschuldigen zu überführen, kann jeder Richter, aber es braucht eine Begabung, einen Unschuldigen zu überführen und zu verurteilen. Und diese Begabung hatten viele Richter.

Amir war 38. Seine Hautfarbe war sehr dunkel, aber nicht schwarz, woraus ich erkennen konnte, dass er ein Mischling sein musste. Ein auffälliger Kontrast zu dem gestärkten weißen Baumwollhemd und ebenfalls strahlend weißer Latzhose. Seine Kampfstiefel waren auf

Hochglanz poliert und glänzten mit seiner Glatze um die Wette. Ich unterhielt mich mit ihm. Er erzählte mir, dass er früher cracksüchtig war, aber jetzt clean sei. „Ich und meine drei Freunde haben den Weg zu Jesus gefunden."

„Ja", sagte ich, „ich habe von dem Weg gehört, den ihr gefunden habt. Ein sehr gewinnträchtiger Weg. Im Fernsehen habe ich gehört, dass ihr ca. 30 Mio. ergaunert haben sollt im Namen von Jesus", sagte ich ihm. Echt clever, zu viert hatten sie im Internet Gewinne versprochen gegen eine Bearbeitungsgebühr. Seine drei Kollegen wurden in andere Abteilungen verlegt. Er erzählte mir aus seinem Leben in einem guten Deutsch. Von einer Familie konnte man bei ihm eigentlich nicht sprechen. Seinen Vater hatte er nicht gekannt, seine Mutter starb an Aids, als er drei war. Aufgezogen hatten ihn eine oder zwei Tanten, die ihn eigentlich zu anderen Verwandten abgeschoben hatten. Dann hier und da Pflegeheime, manchmal auf gerichtlichen Beschluss, schließlich Jugenderziehungsanstalten. Die Schule hatte er geschmissen. Dann die erste Therapie. Er wurde monatelang eingesperrt, wie in einer Grundausbildung bei der Armee. Diesen Menschen gaben wir keine Chance und sie wurden einfach abgeschoben. Vom Gefängnis in die Therapie und zurück. Ja nicht auf die Menschheit loslassen. Einmal süchtig, immer süchtig, auch wenn man clean war. „Ich und meine Familie sind jetzt Geistliche“, sagte er. Er habe 13 Jahre lang wegen Drogendelikten und Raub gesessen. „Crack ist die Droge, Mann“ sagte er. „Billig, massenhaft verfügbar. Damit kann man dieses elende Leben für ein paar Minuten vergessen.“ Aber wenn man einmal mit Crack angefangen hatte, konnte man nicht mehr die Finger davon lassen, Diebstahl, geklaute Autos, das Übliche eben. „Haben wir alle gemacht, um den Stoff zu finanzieren. Gewalt war nie im Spiel“, erzählte er weiter. „Das Leben im Gefängnis ist in vielerlei Hinsicht besser als das auf der Straße. Ich kenne jede Menge Leute, die den Knast vorziehen, als draußen ohne alles zu leben“, erklärte er mir. Leider hatte er recht. Ich hatte eine Menge Menschen kennengelernt, die sich hier wohlfühlten, eingepfercht in einer Zelle mit den katastrophalen Zuständen hier. Das sollte den Verantwortlichen zu denken geben, die von Resozialisierung reden.

70 % aller Drogensüchtigen, die eine Therapie machten, wurden rückfällig. Wenn sie aufgenommen werden, sind sie krank, nach dem Gesetz zumindest, sie sind zugedröhnt, die Drogen haben ihren Körpern und Gehirnen bereits schwer zugesetzt. Sie sind unterernährt, die Haare fallen ihnen aus. Viele sind HIV-

positiv und haben Hepatitis. Es sind die schwersten Kranken, die Deutschland mitproduziert. Das Gift wird ihnen entzogen und man versucht sie wieder aufzupäppeln. Jedoch verfallen sie immer wieder in ihre Krankheit. Das kann ja auch nicht gut gehen, wenn es in den Haftanstalten Drogen in allen Variationen gibt

Es war ein herrlicher Tag, als wir mit vielen Gefangenen in die Freistunde gingen. Ich stand mit einer Gruppe im Schatten. Wir redeten über einen Insassen, der beim Telefonieren erwischt worden war. Jemand hatte seine Nummer dem Beamten verraten. Der stellte sich abends vor seine Tür und rief ihn an. Natürlich ging er ran. Klick-klack, ging die Tür auf und er wurde auf frischer Tat erwischt. Das war schon komisch, aber auch so etwas passierte hier. Mein Zellennachbar reichte mir eine Sprite-Flasche und sagte, ich solle einen Schluck nehmen. Aber vorsichtig. Ich nahm die Flasche und schnupperte daran. Wodka mit Sprite. Lecker. Ich nahm einen kräftigen Schluck. Erst jetzt merkte ich, dass alle angetrunken waren. Alkohol in der Sonne, na toll, dachte ich mir. Einer erzählte, dass seine Freundin ihn heute besuchen wollte und ihm Kokain mitbringe würde. Schnell war das Interesse da bei allen und die Verhandlungen begannen. Als plötzlich der Alarm losging, stoppten die Verhandlungen und wir liefen in unsere Zellen, als wir erfuhren, dass sich jemand die Pulsadern aufgeschnitten hatte, weil sie ihn verlegen wollten.

Ich ging auf meine Zelle und hörte laute Musik, die Fenster waren weit geöffnet. Die Strafhaft feierte heute ihre jährliche Sportveranstaltung, wo Steine geschleppt, gerollt und am Seil gezogen wurde, eben alles, was mit Kraft zu tun hatte. Eine Anlage sorgte für laute Musik, ein Grill für knackige Würstchen. Wir von der U-Haft konnten nur aus unseren Fenstern schauen. Viele Beamte waren auf dem Sportgelände und ca. 50 Gefangene, die sich anfeuerten und ihre in der Haft trainierten Bodys zur Schau stellten. Die Freistunde ging weiter und wir gingen wieder in den Hof. Vier Getränkewagen, die sich neben unseren Freistundenhof gestellt hatten, um die Beamten mit Getränken zu versorgen, standen parat. Ich sah, wie sich ein Filmteam übers Gelände bewegte, das eine Szene für einen Kinofilm drehte. Die Filmcrew bestand aus ca. 30 Leuten und wurden von den Beamten der JVA beschützt. Die Beamten hatten sich in Schale geworfen und glänzten mit Krawatten und frisierten Haaren um die Wette. Dadurch, dass auch weibliche Statistinnen vor Ort waren, wurde das Interesse der Gefangenen sehr groß, und sie hingen alle an den Zäunen und gafften. Ich schaute genau hin und sah, wie der Regisseur sich mit seiner Hauptdarstellerin unterhielt. Sie war sehr hübsch, mit streng zurückgebundenen Haaren. Sie trug kein Make-up, hätte sie auch nicht nötig gehabt. Das Kostüm war sehr großzügig geschnitten, aber der darunter verborgene Körper war deutlich zu erahnen. Sie sah aus wie eine der Werbetanten aus dem Fernsehen, die dir auf einfache, sexistische Art empfahlen, die Bank zu wechseln. Sie standen ca. drei Meter von mir entfernt. Eine zweite Person kam dazu, sie war ca. 1,76 groß und blond. Ihre Haare waren lang und ein leichter Wind bewies mir, dass sie auch gut duftete. Ihr Rock war eng, saß wie ein breiter Gürtel und reichte nur bis zu den Hüften. Sie hatte Beine bis zum Hals. Lang, elegant, in schwarzen Strümpfen und auf hohen Absätzen. Ihre Bluse war fast durchsichtig. Was sollte das? Das war so, als wenn man monatelang nichts zu trinken bekam und dann vor dem Käfig das Wasser laufen ließ. Aber Unmenschlichkeit wurde hier großgeschrieben und langsam merkte ich, dass Schmerzen nicht nur körperlich sein konnten, sondern auch seelisch.

Es war Nachmittag, als meine Zellentür sich öffnete und zwei Beamte eintraten. Sie schauten sich um. Der eine schaute ins WC. Was sie suchten, wusste ich nicht. Einer der Beamten sagte, dass der WC-Deckel zerbrochen sei und mein Bettlaken zerrissen. Ich versuchte ihm zu erklären, dass ich das Bettlaken so bekommen hätte und viele andere auch zerrissen waren. Er glaubte mir nicht und ich sollte 45 Euro für den WC-Deckel und 35 Euro für das Laken zahlen. Ich lachte und fragte, ob sie scherzen würden. „Nein", sagte der Beamte mit einem zynischen Lächeln. Ich würde eine Rechnung bekommen. Dabei weiß doch jeder hier, dass ich erst zwei Monate in dieser Zelle war und vorher schon Tausende Menschen ein und aus gegangen waren. Aber es war leider so. Die Anstalt bereicherte sich immer wieder an den Gefangenen. Für eine Schranktür musste der Gefangene 90 Euro bezahlen, für den WC-Deckel 45, für ein Laken 35, die Telefongebühren waren für Gefangene höher als für Bedienstete, obwohl sie vom Büro aus telefonierten und die Leitung dieselbe war. Abzocke im großen Stil.

Mirko war 26 Jahre alt und wog 130 Kilo. Seinen Kopf schmückten wenige Haare, die sich kaum bewegten, wenn er seine schweren Beine schwang, um sich vorwärts zu bewegen. Er war ein schmieriger Typ und ziemlich ungepflegt. Zwar lag er auf der anderen Abteilung, ich traf ihn oft im Lazarett, beim Arztbesuch oder beim Zahnarzt. Ich kann mich noch an das letzte Mal erinnern. Wir waren nur zu viert im Warteraum. Mirko war unruhig und sauer auf etwas. Er saß neben mir und starrte an die Wand. Sein Zorn wurde brennender, wie ein erwachender Vulkan. Ich fragte ihn, was er hatte. Irgendjemand hätte ihn verraten, glaubte er. Sie hätten Zeugen. Sie wollten ihn wegen Betrugs verurteilen. Er könnte bis zu zehn Jahre bekommen. Nach einer Weile war sein Zorn verflogen. Der Gedanke an eine Flucht kam ihm zuerst gar nicht, erzählte er mir weiter, aber nachdem er hörte, was ihn erwartete, gab es keine andere Möglichkeit. Er fing an zuzuhören, genau hinzusehen. Schnell lernte er, wohin die Gänge führten, wie viele Türen es gab, wer wann Dienst hatte. Die meisten Gefangenen waren kleine Fische. Drogensüchtige mit gesundheitlichen Problemen. Sie ließen sich verhaften, damit man sich um sie kümmerte. Aber Mirko war da anders. Er war nicht dumm. Als er merkte, dass eine Möglichkeit zur Flucht bestand, war er von der Idee besessen. Er wusste, wo die Schwachstellen waren. Ich glaubte ihm nicht, dass er mit so einer Körperfülle fliehen konnte. Wie auch. Immer wieder beobachtete er, wie Gefangene aus den Zellen zu ihren Anwälten, zum Besuchspavillon oder zum Gericht ausgefahren wurden. Er hatte das Loch entdeckt. Er telefonierte mit Freunden draußen. Er ließ sich einfach zum Arzt ausfahren und von seinen Kumpels befreien. Mit einer Gasattacke auf die Beamten konnten seine Freunde ihn befreien. Monatelang war er auf der Flucht, bis er schließlich wieder eingefangen wurde.

Ebenfalls auf die Flucht gehen wollte Washad. Er war ein 26-jähriger Krimineller, dessen langes und furchterregendes Vorstrafenregister im Gegensatz zu den anderen Häftlingen auf einen gewalttätigen Charakter schließen ließ. Washad war Mitglied einer kriminellen Vereinigung, dessen Familienmitglieder in ganz Deutschland tätig waren. Er wurde bei Schießereien zweimal verletzt. Wegen versuchten Mords hatte er sieben von 26 Jahren hinter Gittern verbracht. Er hatte wenig Interesse gezeigt, sich von seiner Drogensucht zu befreien. Seine Familie hätte einen großen Teil des Glücksspiels und der Drogenszene im Griff. Er war angeklagt, auf mehrere Menschen geschossen zu haben. Er hätte zwei Menschen verletzt und einer würde in Lebensgefahr schweben. Sie wollten ihm auflauern, um ihm die Wocheneinnahmen der Drogengeschäfte abzunehmen. Sein Freund konnte mit dem Geld fliehen.

Ich träumte von Wasser. Nicht dem plätschernden, hellblauen, sondern eiskaltem schwarzen, erstickendem Wasser. Ich schwamm in einem Pool, in einer Halle mit dicken Gittern, die mir den Blick auf einen grünen blühenden Garten versperrten. Ich lag in einer Badewanne mit heißem Wasser, das mir bis unters Kinn stieg. Von draußen winkten mir meine Kinder zu, aber ich kam nicht aus der Wanne, um ihnen entgegenzulaufen. Dann plötzlich: Meine Muskeln verkrampften sich und ich erstickte im tiefen Teil eines Pools, während sich der Garten draußen in eine wilde Pflanze verwandelte und sich um mich schlang. Ich schloss meine Augen in der Badewanne und eine Hand drückte meinen Kopf unter Wasser, bis ich zu ertrinken drohte. Plötzlich wachte ich auf, die Bettdecke war zu einem feuchten Knäuel am Fuß des Bettes zusammengeknüllt. Ich überzeugte mich, dass es nur ein Traum war, legte mich wieder hin und versuchte noch ein paar Stunden zu schlafen, um wieder aufzuwachen und zu merken, dass Träume nicht wehtun konnten, aber die Realität.

Spät am Abend stellte ich den Fernseher an, der knisternd und flimmernd zum Leben erwachte. Ich überstand eine Polizisten-Serie und einen Bericht über den Lebensstandard in Deutschland, Aufnahmen von exklusiven Eigentumswohnungen direkt am Strand in Florida, die von einem Hurrikan in einen Schutthaufen verwandelt wurden. Aber dann erschien Günther Jauch mit seiner einmaligen Art, „Stern TV“ zu moderieren. Eins der Themen war der Ehrenmord an einer jungen türkischen Frau, der die Bevölkerung in Deutschland zur Empörung brachte. Drei Brüder, die den Mord an ihrer Schwester planten und durchführten. Drei Schüsse in den Kopf. Kein Mord, sondern eine Hinrichtung. Der jüngste Bruder nahm die Tat auf sich. Die anderen zwei kamen aus Mangel an Beweisen frei. Viele Menschen in Deutschland waren empört, deutsche wie auch die ausländischen. Eine Situation, die noch mehrere Wochen für Gesprächsstoff sorgte. Dann noch ein Bericht über eine Messerstecherei, wo ein junger Libanese einen anderen zu Tode stach. Die Täter saßen hier bei uns. Auch ein Verwandter des Opfers war hier, trug aber einen anderen Nachnamen. Jeden Moment konnte es eskalieren. Ich schaltete den Fernseher ab und stocherte zittrig mit meinem Löffel in meinem Becher, bis er mir vor Schreck aus meinen Fingern fiel, als wieder einmal der Strom ausfiel und die Hauptsicherungen außerhalb der Zelle heraussprangen. Wie so oft ging ich im Dunkeln schlafen.

Ich hörte, wie neue Verhaftete in die Zellen

eingeschlossen wurden. Einige verhielten sich teilnahmslos und gaben sich ihrem Schicksal hin, andere protestierten und beteuerten lautstark ihre Unschuld und wieder andere wehrten sich wild, mit dem Ergebnis, dass sie professionell unter den Augen von Justitia zusammengeschlagen worden. Der Satz „Die Würde des Menschen ist unantastbar“ bekam hier in der JVA eine ganz neue Bedeutung. Viel erniedrigender ging es nicht mehr. Auf Anordnung vom Anstaltsleiter mussten alle Insassen, die in Urlaub durften, nach der Rückkehr in die Anstalt eine Durchsuchung mit Entkleiden über sich ergehen lassen. Vor zwei Beamten mussten sich die Gefangenen nackt ausziehen, sich auf einen auf dem Boden befestigten großen Spiegel stellen und in die Hocke gehen, damit sie in die Körperöffnungen schauen konnten. Wo waren die Menschenrechte, in welcher Schublade war die Unantastbarkeit der Würde des Menschen geblieben?

Ein Fall, der Schlagzeilen machte und den Frauen unruhige Nächte bescherte, war der Balkonvergewaltiger-Fall. Er wurde der Vergewaltigung in mehreren Fällen angeklagt. Nun war er Hausarbeiter auf unserer Abteilung. Ich überlegte, wie so ein Mann über die Balkone klettern und dann noch die Luft haben konnte, eine Frau zu vergewaltigen. Er wog ca. 100 Kilo. Er hatte schwarzes dünnes Haar, wodurch seine Haut fast wie gepudert wirkte. Seine breite Stirn war faltenlos. Seine Wangen glänzten schweißnass. Die Augen waren klein, versteckt hinter einer Brille und erinnerten mich an die Augen eines misshandelten Kindes. Das animalische Glänzen vermittelte noch eine andere Botschaft, eine sehr gefährliche Botschaft. Auffällige schmale Lippen schmollten unter der Stupsnase eines im erwachsenen Körper gefangenen Jungen. Seine schweren Augenlider schienen, wenn er blinzelte, etwas sagen zu wollen. Er hatte eine weiße Haut wie Menschen, die in den Urlaub flogen, aber nie in die Sonne gingen. Er trug eine Hose mit Hosenträgern, ein aufgeknöpftes Hemd und Basketballstiefel. Seine Kleider zeugten überdeutlich von einem kleinen Jungen, dessen Kindheit zerstört worden war. Wenn wir uns unterhielten, fiel er ab und zu in einen Plapperrausch, genauso wie die Moderatorin Gülcan, die niemand stoppen konnte, wenn sie zu erzählen anfing. Er erzählte oft davon, dass er noch nie eine Freundin hatte und sich das geholt hätte, was er brauchte. „Was sollte ich machen", sagte er. „Da hätte ich mehrere Alternativen", sagte ich zu ihm, „aber das, was du gemacht hast, war die Schlechteste." Er erzählte mir, dass er schon sehr viele Frauen vergewaltigt hätte und endlich erwischt worden wäre. Es wäre wie ein Verlangen, eine Lust, die er nicht kontrollieren konnte. Er strahlte, wenn er von seinen Taten erzählte, und in seinen Augen brannten die Freude und die Lust.

Es war Montagnachmittag und wir hatten Sport. Wir gingen hinaus auf den Sportplatz. Das Wetter war ziemlich mies. Graue Wolken schoben sich langsam über uns hinweg. Ein Blitz zuckte am Himmel. Ein heller Silberpfeil zeigte sich zwischen den Bäumen. Ich blieb eine Sekunde lang stehen. Noch während wir zum Platz liefen, rollte der Donner über uns weg. Über den Bäumen heulte der Wind auf. Erste dicke Regentropfen klatschten auf den weichen Boden. Wir liefen zurück. Uns blieben nur noch wenige Sekunden, um ins Trockene zu gelangen. Blitze zerrissen den Himmel. Donner ließ das Gelände erbeben und der Regen trommelte nieder. Als wir nass bis auf die Unterhose in unseren Zellen waren, traten zwei Beamte in unsere Zelle. Der eine war ein Fiesling, ein nervöser kleiner Kerl mit wenig Haaren und schlechten Zähnen. Der andere ein starker Stiernacken, ein Kreuz breiter als die Tür. Ein Gorilla in Uniform. Auf dem Kopf eine wilde Mähne, so eine Art Mel-Gibson-Verschnitt aus dem Film „Mad Max“. Ihr

Blick war finster. „Zellenrevision!“, schrie der Größere. „Raus aus der Zelle!“ Revision, das waren die Beamten, die keine Skrupel hatten, alles auf den Kopf zu stellen, mit der Sicherheit und Ordnung im Rücken. Wir traten hinaus mit unseren nassen Klamotten und vorher wurden wir natürlich abgetastet. Auf der Suche nach Drogen, Waffen und anderen verbotenen Dingen nahmen die Beamten keine Rücksicht. Lebensmittel wurden aus ihren Gefäßen ausgekippt, egal ob Oliven, Zucker oder Mehl. Kartons wurden aufgerissen, unsere Kleidung auf den Boden geworfen. Der Fernseher wurde aufgeschraubt, ebenfalls der CD-Player. Natürlich fanden sie nichts, nicht, weil wir zu clever waren, sondern weil wir nichts hatten. Keiner von uns nahm offiziell Drogen und wir hatten auch kein Handy, und wenn, würden sie es nicht finden, weil man so etwas nicht in der Zelle versteckte. Sie hinterließen wie immer ein Chaos der besonderen Art. Das Mehl war mit unseren Klamotten vermischt und die Zuckerspur reichte bis in den Flur. Das Olivenöl verschmierte den Fußboden so sehr, dass mein Zellenkollege darauf ausrutsche und sich verletzte. Die Beamten zogen mit einem breiten Grinsen davon, ohne einen Finger zu rühren. Fingerspitzengefühl? Fehlanzeige. Alltag.

Der nächste Morgen brachte blauen Himmel, strahlenden Sonnenschein und in dessen Angesicht war der Hof in der Freistunde belebt wie nie zuvor. Gefangene, die sich ihre laufende Nase am Ärmel abwischten und darauf hofften, mit irgendjemandem eine Unterhaltung zu haben. Ich drehte alleine meine Runden, um abzuschalten und nickte allen zu, an denen ich vorbeikam. Ich streckte mein Kinn in die Sonne und dachte an all die Menschen da draußen auf der sonnigen Straße, die sich mit einem kalten Getränk abkühlten. Plötzlich sprach mich jemand an. Ein komischer Typ, den ich noch nicht kannte. Er trabte mit einer lässigen Gangart neben mir her und fragte mich, ob ich ihm seine Anklage vorlesen könnte, da er nicht lesen konnte. Ich sagte OK und las ihm die Anklage vor. Seine fest zusammengepressten Lippen waren geöffnet und er biss mit gelblichen Eckzähnen darauf herum. Ich ließ ihm Zeit zu begreifen, weswegen er hier war. Ich sah Anzeichen dafür, dass er ernsthaft versuchte nachzudenken und ich wäre dumm gewesen, ihn zu unterbrechen. Als ich fertig war, passierte etwas Komisches. Er lachte leise und ungläubig. Ein Lachen, wie man es in Cafés oder in Warteschlangen auf dem Postamt hörte, die sich Geschichten über die Nachbarn oder unfähige Menschen erzählten. Ein ziemlich anormales Lachen, was mir

Gänsehaut bereitete. Als ich die nächsten Zeilen las, war mir klar, zu was dieser Mann fähig war, jemandem anzutun. Ich zitiere aus seiner Anklage: „Im Schlafzimmer sieht es dagegen anders aus. An den Wänden hängen Katalogbilder, jeder Zentimeter Wand ist zugekleistert mit kichernden, aufeinander zeigenden, händchenhaltenden Mädchen in verschiedenen Zeitschriften. Auf dem Bett liegt ein Stapel frisch herausgerissener Seiten von Heften wie Bravo, Mädchen und anderen Girly-Zeitschriften. Mädchen auf Roller Skates, in Badeanzügen, mit Zöpfen, mit blonden oder dunklen Haaren." Mir wurde schlecht und ich merkte, mit wem ich hier herumlief. Ich drückte ihm seine Anklage in die Hand, schaute ihn verachtend an und dachte, hoffentlich holt dich der Teufel. Ich sagte ihm, er solle verschwinden. Keine anderen Gefangenen waren so verhasst wie Kinderschänder, was ich auch verstand. Im Knast zwischen Betrügern, Mörder, Räubern und anderen Kriminellen war der Täter, der sich an Kindern vergriff, einfach nur Abschaum und wurde von allen gemieden und gehasst, denn jeder, der Kinder hatte, konnte sich in die Rolle des Vaters von misshandelten Kindern versetzen. Und genau das tat ich auch. Ich ging einen Gang schneller, damit niemand denken sollte, dass ich so etwas gutheißen würde.

Mein nächster Verhandlungstag begann. Der Richter rief Zeugen auf, die er schon gehört hatte. Ohne Ergebnis. Alle Zeugen sagten aus, dass sie nichts gesehen hätten. Mein Verteidiger legte mehrere Beschwerden ein und beantragte, den Haftbefehl aufzuheben. „Äh, Euer Ehren", fing er an zu erzählen, die Hände in der Luft, hohler Rücken, er gestikulierte mit den Händen, stampfte mit den Füßen auf wie ein Sechsjähriger und schlug sich mit der Hand auf seinen Schenkel. Es wäre ein Skandal, was hier gespielt werde. „Ich lege hiermit gegen den Beschluss des Gerichts, den Haftbefehl aufrechtzuerhalten, Beschwerde ein. Der dringende Tatverdacht erfordert die Feststellung einer hohen Verurteilungswahrscheinlichkeit hinsichtlich einer konkreten Tat, die aus sich heraus verständlich beschrieben werden muss, wobei das Tatgeschehen nach Ort, Zeit, Art der Durchführung, Person des Verletzten und der sonstigen Umstände genau zu bezeichnen ist. Der dringende Tatverdacht zu Beginn der Ermittlungen hat eine andere Qualität als der in der laufenden Hauptverhandlung. Mit laufender Hauptverhandlung muss erwartet werden, dass die Qualität des dringenden Tatverdachts zunimmt und nicht etwa abnimmt. Die Geschehnisse am Tatort liegen jedoch völlig im Dunkeln und wurden von der

Strafkammer auch nicht mitgeteilt. Damit fehlt es bereits an einer nach Ort, Zeit und konkreter Handlung bestimmten Tat als Grundlage für die Annahme eines dringenden Tatverdachts. Ebenfalls ist es eine Farce, dass mein Mandant gleich nach der Verhaftung, ohne dass die Verhandlungen begonnen hatten, in den Medien als Täter dargestellt wurde. Mit Informationen, die Sie als Pressesprecher an die Medien weitergegeben haben." Der Richter übernahm das Wort, ging aber auf die Beschuldigungen meines Anwalts nicht ein, nein, er setzte noch einen drauf. Er erzählte, dass er die Notrufaufnahmen vom Tattag an einen Radiosender übergeben hatte, damit die Hintergrundgeräusche bearbeitet werden konnten, um die Stimmen auf dem Band zu identifizieren. Nun sei das Ergebnis fertig und er wollte das Band abspielen. Mein Anwalt ergriff das Wort: „Entschuldigen Sie, Herr Vorsitzender, habe ich das richtig verstanden? Sie haben also die Aufnahmen bearbeiten lassen, um sie nun als Beweisstück zu nutzen? Das ist lächerlich und rechtswidrig, denn eine Bearbeitung einer Aufnahme darf nur von Gutachtern des Gerichts vorgenommen werden, ebenfalls besteht die Gefahr, dass der Radiosender die Aufnahme für einen Bericht verwendet oder dass es jemand hört, um nachher als Zeuge aufzutreten und das Gericht zu manipulieren.

Na ja, wahrscheinlich ist es schon zu spät. Das ist ein Skandal, was das Gericht sich hier herausnimmt. Ich lege Beschwerde dagegen ein, dass die bearbeitete Version als Beweisstück verwendet wird.“ Die Richter steckten ihre Köpfe zusammen und tuschelten. Währenddessen schaute ich mich im Saal um. Der Bereich der Zuhörer glich einem Warteraum beim Arzt. Die Holzbänke waren schmal und unbequem, also nicht komfortabel genug, um jemanden in den Schlaf zu wiegen. Der Staatsanwalt war bekannt für seine Härte. Er war groß, ungefähr 1,85 und normal gebaut. Er müsste ca. 50 Jahre alt sein. Sein seidiges, dunkelblondes Haar, gepflegt wie das eines Fernsehstars, zeigte kein Grau. Seine Gesichtszüge hätten sympathisch sein können, wären da nicht seine Augen gewesen. Sie waren wie zwei kleine grüne Steine, kalt und gefühllos. Er blinzelte selten. Ähnlich wie ein Reptil. Er war aalglatt. Man hatte den Eindruck, auf ihm Schlittschuh laufen zu können.

Dimitri erzählte mir, dass er wegen Menschenraubs und Körperverletzung angeklagt war und ihn mehrere Personen belasteten. Er hätte mit seinem Partner eine Frau entführt und ihren Mann damit erpresst. Unterwegs im Auto schlug er sie auch noch. Das Ganze artete aus und wurde zum Bandenkrieg. Wir saßen zusammen, während er mit seinem Handy die Kontakte nutzte, um die Zeugen zu erpressen. Seit Wochen versuchte er, die Zeugen zu beeinflussen, damit sie ihre Aussagen zurückzogen. Wir hörten die Stimme eines Beamten und er versteckte das Handy. Der Beamte sagte, dass er seine Sachen packen sollte. Er durfte gehen. Es hatte geklappt. Mit ein paar Anrufen hatten seine Jungs dafür gesorgt, dass die Zeugen plötzlich nichts mehr gesehen hatten. Er verschenkte seine Klamotten und verabschiedete sich von mir. Wieder einer weniger, dachte ich mir, und freute mich auf den Tag, wenn ich hier herausspazieren würde. Und während ich so nachdachte, merkte ich, wie mir Blut aus der Nase lief. Ich lief schnell in meine Zelle. Dann der Kampf mit der Klopapierrolle, ganze Meter kullerten auf dem Boden herum, ich raffte alle zu einem losen Knäuel zusammen und hielt es mir an die Nase. Ein Haufen nach dem anderen landete im Waschbecken. Ich nahm den Resttabak von allen Zigaretten aus dem Aschenbecher und stopfte ihn mir in die Nasenlöcher, wo sie auch gleich festklebten. Nachdem ich mich rasiert und mir ein Hemd übergeworfen hatte, setzte ich mich einen Moment auf die Bettkante. Meine Körperwärme strahlte in meine ausgekühlte Zelle. Ich zog meinen ledergebundenen Terminplaner heraus und betrachtete die Tage, die ich schon hier war.

Ein Fall, der ganz Deutschland bewegte, war der Tod des zweijährigen Kevin, dessen Leiche im Kühlschrank seines Stiefvaters Klaus B. (42) aufgefunden wurde. Der Fall Kevin wurde zum Symbol für grausame Kindesmisshandlung und das Versagen des Staates. Das Medieninteresse war riesig. Noch nie hatte ein Prozess am Landgericht so viele Fotografen, Kameraleute und Reporter angelockt. Richter K., also „mein" Richter, genoss wieder einmal das Bad in den Medien. Die Anschuldigungen der Staatsanwaltschaft klangen wie aus einem Horrorstreifen. Der Angeklagte wirkte mit erheblicher Kraftentfaltung gezielt auf Kevin ein, wobei er dem Kind unter anderem Brüche beider Unterschenkel sowie eine komplexe Fraktur der Schädeldecke zufügte. Des Weiteren einen Bruch des rechten Schienbeins sowie Schwellungen an diversen Weichteilen, unter anderem am Penis, Hoden und Unterbauch. Der Staatsanwalt weiter: Er fügte ihm Frakturen des rechten Unterarms, des rechten Schienbeins sowie eine vollständige Durchtrennung des Oberschenkels zu, vermutlich durch unmittelbare stumpfe Gewalt durch Einwirken mittels Hebelkraft etwa Fixieren und nachfolgendes Biegen. Mir wurde speiübel und ich bekam Gänsehaut. Wir reden hier über ein zweijähriges Kind, das noch sein ganzes Leben vor sich hatte und jetzt in einem kleinen Sarg unter der Erde lag. Ich hatte selber Kinder und fühlte mich mit betroffen. Dennoch sollte man als Autor eines Buches immer objektiv sein, obwohl es in diesem Fall enorm schwierig war, da es um ein kleines Kind ging. Die Anklage lautete weiter: Kevin verstarb nach einer nicht mehr genau feststellbaren Zeitspanne zwischen vermutlich zehn Minuten und zwei Tagen an Herzversagen. Eine Polizistin fand die Leiche. Sie sagte: „Wir haben die kleine Leiche im Kühlschrank entdeckt. Sie war in einen Wertstoffsack eingewickelt, überall lag Müll in der Wohnung. Es roch nach Verwesung.“ Ich wusste nicht, ob ich kotzen, weinen oder fluchen sollte oder alles in einem. Es war pervers, was immer auch dort passiert war. Dass die Staatsanwaltschaft immer vom Negativsten ausging, das hatte ich am eigenen Leibe gespürt. Denn in Deutschland brauchten die Richter keine Beweise, nur Vermutungen. Die Frage war hier: Wurden Kevins Knochen vor seinem Tod oder hinterher gebrochen? Verstarb er an den Verletzungen oder vorher schon? Ehrlich gesagt, mir war es egal, ob vorher oder danach. Wenn er der Täter war, dann war er kein Mensch. Die Argumentation der Verteidigung: Die vorliegenden Gutachten hätten Kevins Todesursache nicht klären können. Der Anwalt widersprach vor allem dem Vorwurf, es gäbe einen Zusammenhang zwischen den Schlägen einerseits und Kevins Knochenbrüchen andererseits. Es gäbe Hinweise dafür, dass Kevin unter einer Stoffwechselstörung litt, argumentierte der Verteidiger. Der Stoffwechselfaktor hätte den Knochenaufbau beeinträchtigt. Das sollte untersucht werden, denn es sei nicht ausgeschlossen, dass die Knochen erst nach dem Tod des Kindes gebrochen wurden. Etwa als die Leiche in den Kühlschrank gedrückt wurde. Nach Aussage von Kevins Kinderarzt wurde diese These jedoch sofort widerlegt. Wichtig sei auch, ob der Vater von Kevin, der jahrelang harte Drogen nahm und zudem noch trank, überhaupt schuldfähig sei. Ich möchte nur dazu sagen, dass seit langer Zeit alle Straftäter wissen, dass man seine Straftat hinter Drogen verstecken und somit seine Strafe senken könnte. Das würde heißen, Straftaten unter Tabletten, Drogen und Alkohol, wo man einen Menschen verletzt oder tötet, führen auf jeden Fall zu einer Milderung der Strafe. Drogensucht wird in Deutschland als Krankheit ausgelegt und die Tat während des Rausches als ungewollt oder nicht lenkbar bewertet. Das Urteil fällt milder aus, der Täter wird in die Therapie geschickt, um ihn zu heilen. Das war die Wahrheit, die ich in den vielen Jahren hier mitbekam. Egal ob du es geplant hast oder nicht, ob du schuldig bist oder nicht, der Paragraf galt für alle und das wussten sie. Wenn das Gericht keinen Tatverdächtigen hatte, dann nahm es immer den Nächstbesten, und das war hier der Ziehvater. Vielleicht war er es, der die Tat verübt hatte, aber nur vielleicht. Dass die Anwälte immer ihre Mandanten schweigen ließen, war wohl so eine Modeerscheinung, erst mal schauen, was das Gericht hat. Dass diese Taktik ins Auge gehen konnte, hatte ich an mir gesehen. Dem Gericht war es völlig egal, nein, es erboste den Vorsitzenden sogar, dass der Angeklagte schwieg. Somit wurde gepuzzelt und gepuzzelt, bis es passend gemacht wurde. Das Gericht vermutete einfach, weil es erbost war, dass es mehr Recherchen anstellen musste. Das Gericht brauchte auch keine Wahrheit, denn es hatte ja die Vermutungstheorie. Aber dass es immer besser ist, sich seine eigene Meinung zu bilden, das wusste ich ja schon, so kam es mir gelegen, dass Kevins Ziehvater hier bei uns lag. Ich tat alles, um mit ihm reden zu können und etwas über seine Tat zu erfahren. Leider klappte es nicht, denn er wurde aufgrund seiner Tat und den Abneigungen der anderen Insassen zum Schutz in das Lazarett verlegt, denn dieser Fall war brisant.

Aber das Schicksal meinte es gut mit mir, eines Tages, als ich zum Arzt ins Lazarett gebracht wurde, da ich Rückenleiden hatte. Ich wurde wie immer in dem kleinen Warteraum eingeschlossen und musste warten. Kurze Zeit später ging die Tür auf und der Beamte brachte einen Gefangenen herein, der auch warten musste. Ich überlegte, woher ich ihn kannte, bis es bei mir klingelte. Mir wurde heiß und kalt zugleich, denn jetzt wusste ich, es war Kevins Ziehvater. Der Raum stank nach Urin und kaltem Rauch. Mir wurde übel. Diese Chance, ein Gespräch zu führen, um etwas Näheres über die Tat zu erfahren, berauschte mich, obwohl mein Bauchgefühl mir sagte, auf ihn loszugehen und ihm das zu geben, was er verdient hatte. Ich hielt mich zurück, denn eine Aussage über die Tat, nähere Informationen von ihm persönlich in meinem Buch, das wäre eine Sensation. Das, was Psychologen und Richter nicht geschafft hatten. Ich hatte jetzt die Chance und die wollte ich nutzen. Ich wartete einige Minuten, holte meine Marlboro heraus und steckte mir eine Zigarette an. Er schaute mich an und fragte mich, ob ich eine für ihn hätte. Ich bot ihm eine an und gab ihm Feuer. Er sah so aus, als wenn er niemandem etwas tun könnte. Er zog tief und fest an der Zigarette. Ich erzählte, dass ich wegen Schmerzen im Rücken zum Arzt müsste. Er sagte, dass er im Lazarett liegen würde und etwas mit dem Kreislauf hätte. Um sein Vertrauen zu gewinnen, erzählte ich, dass ich früher Drogen konsumiert hätte, von der Tat nichts wüsste und wegen Mordes angeklagt war. Ich erklärte ihm, dass ich bei meiner Tat auf Drogen war und deswegen wahrscheinlich ein milderes Urteil bekommen könnte. Er fing an zu erzählen, dass er viel Alkohol trinken würde und auch harte Drogen konsumierte. Dann einige Minuten Stille. Ich wartete, um ihn nicht zu verschrecken, denn es war immer besser, einen Menschen selber erzählen zu lassen. Ich musterte ihn genau, bis er anfing zu reden. „Sie wollen mich wegen Mordes anklagen", stotterte er los, „aber es war ein Unfall, ich wollte es nicht, wirklich nicht. Ich weiß nicht mehr, was passiert ist, ich war doch zugedröhnt", schluchzte er. „Ich werde wahnsinnig, ich halte das nicht mehr aus." Er fing an zu weinen. Es war doch erstaunlich, wie Menschen, die in der Haft waren, an ihren Gefühlen zerbrachen und ihnen freien Lauf ließen, aber vor Gericht keine Miene verzogen oder Reue zeigten. Von allen Menschen, die mit ihm geredet hatten, um ihm ein Geständnis zu entlocken, war ich wohl derjenige, der Erfolg haben sollte. Ich war einer von ihnen, ein Angeklagter, ein Tatverdächtiger und das brachte ihn dazu, über die Tat frei zu erzählen. Er schüttete mir sein Herz aus und ich erfuhr

Dinge, die das Gericht niemals erfahren würde, wenn ein Angeklagter schwieg. Er hätte eine schlechte Kindheit gehabt, flüsterte er, dass seine Eltern sich immer gestritten hatten, sein Vater ihn viele Jahre in seiner Kindheit missbraucht hatte. Das hätte sich lange Zeit in ihm aufgestaut. Er flüchtete schon früh in die Drogenszene und trank Alkohol. Mit zwölf Jahren begann er zu trinken und zu kiffen, später verfiel er dem Heroin. Die Drogen und der Alkohol waren seine Ersatzeltern. Sie hätten sich nie um ihn gekümmert. Er hätte Probleme, sich zu beherrschen. Aufgrund seiner Kindheit missbrauchte er jeden Menschen in seiner Umgebung. Aus Angst verletzt zu werden, ließ er niemanden an sich ran, auch Menschen, die ihm Gutes tun wollten. Die Drogen hätten ihn geschafft, sein Leben wäre zerstört. Er sagte, dass er oft Filmrisse hätte und mehrere Stunden in seiner Erinnerung fehlen würden. Er wiederholte, dass es ein Unfall war. Ich fragte ihn, was für einen Unfall er meinte. Er erzählte mir von Kevin, dass die Mutter gestorben und er völlig überlastet war. Das Kind hätte Tag und Nacht geschrien und geweint, Tag und Nacht. Er hätte Hilfe bei den Ämtern gesucht, die aber hätten nicht reagiert. Dieses Geschrei hätte ihn wahnsinnig gemacht. „Er ist mir aus den Händen gefallen“, sagte er. „Ich wollte ihn nur beruhigen.“ Er weinte und ich versuchte ihn zu beruhigen, weil ich Angst hatte, dass die Beamten es hören könnten. Ich tat so, als wenn ich nichts über den Fall wüsste. „Ist Kevin vielleicht auf den Kopf gefallen?", hakte ich nach. „Wo hat man Kevin gefunden?", fragte ich. „Im Kühlschrank, verdammt noch mal, was war passiert?", antwortete er. „Ich weiß nicht, wie er dort hinkam." Er weinte weiter. „Denke gut nach, vielleicht warst du es nicht", sagte ich nach einer Weile. „Ich weiß nicht, wie er gefallen war, ich habe ihn geschüttelt und er ist mir aus der Hand gerutscht. Ich weiß nicht, ob ich ihn dort liegengelassen habe, ich habe ihn doch geliebt. Warum sollte ich ihm was tun?"

„Hast du vielleicht einen Filmriss gehabt und ihn unter Drogeneinfluss in den Kühlschrank gesteckt?" Unter Drogeneinfluss war alles möglich. Ein normaler, gutmütiger Mensch konnte Grausamkeiten begehen. Grausame Menschen waren wiederum durchaus zu guten Taten fähig. Die menschliche Psyche hatte eine unglaubliche Bandbreite. Unter Drogeneinfluss hätte der Betroffene einen Filmriss und könnte sich an nichts mehr erinnern. Die Geschichte von Jekyll und Hyde ist zwar reine Fiktion, aber sie beruht auf Tatsachen. „Es kann sein, aber ich weiß es doch nicht", wiederholte er. „Ich habe Angst, dass ich für den Rest meines Lebens ins Gefängnis muss, für etwas, was ich nicht getan habe.“ Ich erklärte ihm zwar, dass handfeste Beweise und schuldhafte Absicht, also ein Motiv vorliegen müsste, um jemanden wegen vorsätzlichen Mordes verurteilen zu können, jedoch wusste ich schon lange, dass es nicht so war und dass Gerichte keine Beweise brauchten, um jemanden in den Knast zu schicken. In diesem Fall lag aber kein Motiv vor. Außerdem muss die Staatsanwaltschaft laut der deutschen Rechtsordnung eindeutig und zweifelsfrei beweisen, dass ein Angeklagter schuldig war. Das war die Theorie, die Praxis war aber ganz anders. Theoretisch hatte er schon verloren. Er hatte nur eine Chance und das war seine Unzurechnungsfähigkeit während der Tat. Ich fuhr fort: „Vielleicht war es eine andere Persönlichkeit, die die Initiative übernahm und die Tat ausführte. Du hattest wahrscheinlich gar keinen Einfluss auf das Geschehen und hättest nur teilweise die Verantwortung. Aber wenn du nicht aussagst, bist du verloren, du hast keine Chance.“ Es ist zwar das Recht des Angeklagten zu schweigen, das Gericht aber sieht es immer als Geständnis an. „Aber wenn du es getan hast“, sagte ich, „egal ob gewollt oder nicht, im Rausch oder nüchtern, ein zweijähriges Kind, das seine Zukunft noch vor sich hatte und ein Engel war, zu töten, sollst du in der Hölle schmoren und für immer hinter Gitter gehen.“ Da kannte ich wie viele andere keine Gnade.

Das Gericht entschied auf zehn Jahre und sechs Monate. Nach einer Therapie sollte nach Aussage des Richters der Verurteilte wieder auf freien Fuß kommen. Lang leben die Drogen und das deutsche Rechtssystem, das dem normalen Verurteilten keine zweite Chance gibt, Drogensüchtigen aber immer wieder.

Ich wachte auf, als es noch dunkel war. Mein Mund war trocken, anders als sonst, wenn das Hämmern im Kopf ein fortlaufendes, dumpfes Pochen war, lag ich heute wie gelähmt vor Schmerzen in meinem Bett. Wegen des donnernden Presslufthammers in meinem Schädel hatte ich Angst den Kopf zu heben. Einen Moment lang fragte ich mich, ob ich verletzt war und wie es passieren konnte. Ich rollte mich zur Seite und der Inhalt meines Magens kam hoch. Im Dunkeln humpelte ich die fünf Schritte zum Badezimmer und schaffte es gerade noch. Ich sank zu Boden und umklammerte die Kloschüssel. Schließlich musste ich mich übergeben. Der Presslufthammer ließ nicht locker. Ich musste wieder versuchen ins Bett zu kommen, um die Schmerzen durch viel Schlaf loszuwerden. Mein Körper schien zu rebellieren, weil ich schon sehr lange Schlaftabletten einnahm, um einschlafen zu können.

Das Tageslicht und die Sonne trafen mich wie eine Explosion und warfen mich wieder um, doch ich musste mir das Gesicht waschen und die Zähne putzen. Im Spiegel sah ich mich doppelt. Es gelang mir nicht, eines der Bilder scharf zu stellen. Ich schmiss mir kaltes Wasser ins Gesicht. Die Spuren der Haft und des psychischen Drucks zeichneten sich in meinem Gesicht ab. Immer noch zwei Gesichter, beide geschwollen und aufgedunsen. Als ich wieder auf dem Bett lag, drehte sich das Zimmer weiter. Vielleicht sollte ich etwas essen. Seit meiner Kindheit empfand ich großes Vergnügen dabei zuzusehen, wie Wasser zu kochen begann, um die alte Redewendung zu widerlegen, dass ein beobachteter Wasserkessel nie zu kochen begann. Jetzt stand ich vor dem Wasserkocher, hielt die Augen auf die dampfende Flüssigkeit gerichtet und wartete. Gleich würde das Wasser anfangen zu blubbern und ich beabsichtigte, dabei zu sein und es zu beobachten. Und während ich so da stand, bemerkte ich, wie mein inneres Ich aus mir wanderte und mich beobachtete. War ich geistesgestört? Hatte die Haft mich schon fertiggemacht oder schlief ich und träumte das Ganze? Erwischt. Das Wasser begann kochen und ich war wieder rechtzeitig in meinem Körper, um das Ereignis mit anzusehen.

Es gab Traumagefangene, die wochenlang nicht sprechen konnten, bei anderen stürzten die Worte heraus wie eine unaufhaltsame schlammige Flut. Heute kam ein Mann in mittleren Jahren zu mir in die Zelle. Er erzählte mir, dass er eine Schießerei überlebt hatte. Sein ganzes Leben lang war er zurückhaltend gewesen. Er erzählte, wie er in einem Laden war und ihn ausrauben wollte. Mit vorgehaltener Waffe bat er um die Kasseneinnahmen. Als aber der Besitzer plötzlich eine Waffe zog und schoss, reagierte er und schoss zurück. Er spielte die Szene immer und immer wieder durch, doch das Erzählen verschaffte ihm kaum Erleichterung. Es war, als kratzte er sich an einer unerträglich juckenden Stelle. Immer und immer wieder. Wie ein CD-Player, der auf Wiederholung geschaltet war, erlebte er den Vorfall immer wieder. Die menschliche Erinnerung war vielleicht sogar besser als alle bisher geschriebenen Computerprogramme. Aber es gab einen Nachteil. Man hatte keine Löschtaste. Informationen konnten jahrelang in separaten Kammern des Gehirns schlummern. Anders ausgedrückt, einige Gehirne waren einfach manchmal zu langsam, um etwas zu kopieren und extrem glücklich, wenn es ihnen dann doch einmal gelang.

Es war Montag, als wir Abendessen verteilten. Herr H. rief mich zur Arrestzelle, um den Gefangenen das Essen hereinzureichen. Hinter einer Stahltür befand sich eine Gittertür, durch die man den Gefangenen sah und das Essen durch einen Schlitz hineinschieben konnte. Die Zelle war kleiner als eine normale Zelle. Eine Toilette aus Aluminium und eine Matratze auf dem Betonfußboden waren die Einrichtungsgegenstände. Ich war geschockt. So etwas kannte ich nur aus schlechten Filmen über Länder, in denen Folter an der Tagesordnung war. Er war Kurde und hieß Apo, war 35 Jahre alt, sah aber viel älter aus. Er war nackt, nur mit einer Decke zugedeckt, zitterte, hatte tiefe Augenränder, seine Lippen hatten Risse, er war an der Wange verletzt. Ich sprach ihn mit meinem brüchigen Kurs-Türkisch an, da er kein Deutsch konnte. Ich fragte ihn, ob es ihn gut ginge. Er weinte hemmungslos und sprach leise zu mir: „Bitte hilf mir. Ich will hier raus. Keiner kümmert sich um mich. Ich bin schon sechs Tage hier und kann nicht mehr. Ich brauche frische Luft, mir tut alles weh“. Ich fragte ihn, ob er keine Freistunde hätte. Er verneinte. „Ich bringe mich um“, sagte er mir. Ich erzählte es dem Beamten Herrn H. und fragte, warum er keine Freistunde hätte. Er sagte, dass er nichts dafür könnte, dass das oben entschieden wurde. Die Anstalt wusste, dass jeder Gefangene das Recht hatte, egal welche Straftat er begangen hatte, eine Stunde in die Freistunde zu gehen. Ich möchte gerne wissen, in welcher Schublade die Menschenrechte liegen geblieben waren, wie die Würde des Menschen geschützt, der Schutz des Gefangenen gewährt wurde. Wie konnte die Anstalt einen Menschen so zugrunde gehen lassen? Der Gefangene brauchte jemanden zum Sprechen, jemanden, der ihm zuhörte, damit er sich beruhigte. Ich sagte Herrn H., dass es unmenschlich sei, was mit ihm passierte. Der antwortete mir, dass er nichts tun könnte, er sei nur Beamter. Mir blieb nichts anderes übrig, als den Gefangenen seinem Schicksal zu überlassen und alles in meinem Buch festzuhalten. Ich wurde jeden Tag eines Besseren belehrt, nämlich dass die Justiz blind, taub und zum Scheitern verurteilt war. Niemand wollte es sehen, hören oder verhindern, was hier in der Anstalt mit den Gefangenen passierte.

Durch die lange Zeit hier in der U-Haft lernte ich sehr viele Menschen kennen, ohne die ich dieses Buch nie hätte schreiben können, aber ich lernte sie auch hassen. Ich hatte Angst abzustumpfen, ohne zu merken, dass ich es schon war. Die schrecklichen Verbrechen, die mir von Menschen erzählt wurden, raubten mir manchmal den Glauben. Sie bewiesen mir aber immer wieder, was von der Wissenschaft schon so oft vermutet wurde, dass die Menschen an sich zwei Gesichter und Persönlichkeiten hatten, aber nur eine nutzten. Wenn sie sich unterhielten und nett lächelten, schlummerte das andere Ich tief im Inneren, bis es irgendwann ausbrach. Ich konnte mir nie vorstellen, dass die Geschichten von Jekyll und Hyde wirklich real sein konnten. Aber ein Buch über das Böse lesen oder sich einen Film anschauen, war doch etwas anderes, als mit ihnen Tag täglich zusammenzuleben. Natürlich waren auch Menschen wegen einer Übersprungstat hier (eine Tat, nach der das Leben weiter positiv verläuft wie vorher auch), die zur falschen Zeit am falschen Ort waren oder aus Notwehr handelten. Ihre Taten, weswegen sie angeklagt waren, erzählten sie mir freiwillig, denn nur so kann ich darüber berichten.

So wie auch die Geschichte von Erol E., aus Nürnberg. Nach seinen Angaben zur Tatzeit verheiratet. Ihm wurde vorgeworfen, seine Frau während seiner Beziehung über 40 Mal vergewaltigt zu haben, was er mir auch bestätigte. Hier bewies die Justiz wieder einmal, wie auch in anderen Fällen zuvor, wie schlampig sie manchmal arbeitete, ohne Rücksicht darauf, dass Menschenleben davon abhingen. Erst nachdem die Frau von Erol E. über 40 Anzeigen wegen Vergewaltigung und Körperverletzung gemacht hatte und die Justiz nicht reagierte, kam es, wie man es auch schon hätte voraussehen müssen, zu der grausamen Tat. Erol E. war Libanese, ein 100 Kilo schwerer, kräftiger Mann mit einem hinterhältigen Blick und einer seltsamen Art, einer verstörenden Art. Er erzählte mir, dass er seine Frau, seine Tochter und seinen Sohn über alles lieben würde. Er hätte seine Frau aber nur 30 Mal vergewaltigt, weil sie nicht mit ihm schlafen wollte, und dabei lächelte er. „Das ist doch meine Frau, mit ihr kann ich machen, was ich will. Egal wie lange ich sitzen muss, ich finde sie, wenn ich raus bin“, erklärte er mir. „Und auch, wenn sie tot sein sollte, werde ich sie ausgraben“, stotterte er lächelnd weiter. Ich tat so, als wenn ich es als Scherz auffasste und blieb ruhig, aber ich wusste, dieser Typ war nicht normal und er meinte es so, wie er es sagte. Er hätte schon längst aus dem Verkehr gezogen werden müssen. Ein Gespräch mit einem Psychologen hätte dieses auch bewiesen, aber die Behörden haben wohl auch hier nicht die Augen geöffnet, nein, wahrscheinlich eher verschlossen. Denn wie kann es sein, dass ein Mann eine Frau so oft misshandelt, ohne dafür bestraft zu werden? Er erzählte mir, dass er den Gutachter ausgetrickst hätte. Er würde seine Frau niemals in Ruhe lassen. Das Urteil lautete fünf Jahre. Nur fünf Jahre für eine jahrelange körperliche und seelische Vergewaltigung mit mehreren Körperverletzungen an seiner Frau. Er sagte, dass es ein gutes Urteil wäre und er beinahe acht Jahre bekommen hätte. Schließlich zeigte er mir seine Akte mit Aussagen seiner Frau und Berichten von Gutachtern. Beide Aussagen waren übereinstimmend. Nur dass sie sagte, sie wurde vergewaltigt und er es zugab, ohne etwas zu verheimlichen oder zu verschönern. Nach der Anklage, die aufgrund der Aussage der Frau aufgestellt wurde, passierte Folgendes: Es war im Winter, als Doris P. spätabends von ihrer Freundin sich auf den Nachhauseweg machte. Auf dem Fußweg war am Tage viel los, aber nachts war es totenstill. Es war ein grüner Streifen in städtischer Umgebung, wo das Gebäude zwischen hohen Mauern der Brücke über den Fluss abfiel. Am Ufer wuchsen Büsche und Bäume und der Boden war glitschig. Der größte Teil des Weges lag im Dunkeln, nur am anderen Ende, kurz bevor der Weg wieder auf die Straße stieß, stand eine Laterne, aber der Mond schien hell. Doris P. schauerte, langsam wurde ihr kalt. Sie überquerte die Straße und ging die Stufen hinunter. Wenn sie schnell ging, brauchte sie keine 15 Minuten. Sie beschleunigte ihre Schritte. Der Wind frischte auf und die Wolken zogen davon und verdeckten den Mond. Der Weg verschwand in der Finsternis.

Doris P. war keine schreckhafte Person, aber jetzt hastete sie durch die Nacht und folgte dem Weg, den sie kaum wahrnahm. Der Mond tauchte immer wieder auf und verschwand dann wieder. Sie schaute sich immer wieder um. Der Weg war nicht beleuchtet, aber sie glaubte, zu sehen, wie sich ein Stück hinter ihr etwas bewegte. Ihr Herz machte einen Satz und begann schneller zu schlagen. Sie ging schneller und begann zu keuchen. Sie wollte nur schnell nach Hause und in Sicherheit. Die Büsche waren am Wegrand höher und stießen über ihr aneinander. Ein Zweig streifte ihr Haar und ihr Herz setzte einen Moment aus. Wo war die Brücke? Wo war das Licht? Jetzt konnte es nicht mehr weit sein. Der Weg vor ihr war finster. Sie sah sich um, hinter ihr war nichts als die Dunkelheit. Inzwischen wünschte sie sich, sie wäre auf der Straße geblieben. Ein kalter Wind blies ihr ins Gesicht und ließ sie frösteln. Sie schlang den Mantel fester um sich, doch das Frösteln wollte nicht aufhören. Der Wind fuhr in die Büsche und erzeugte ein Rauschen und Rascheln, als striche ein wildes Tier durchs Unterholz. Ihre Schritte wurden schneller, bis sie fast rannte. Sie stieß einen Laut aus, der zwischen Schluchzen und einem Weinen lag. Der Fluss lag nun vor ihr, sie konnte die zusätzliche Kälte in der Luft spüren. Wo war das Licht? Natürlich, sie konnte es ja erst sehen, wenn sie am Wegesende war. Der Wind rauschte durchs Unterholz, übertönte das Geräusch ihres Atems und fegte ihr ins Gesicht, sodass sie fast ohnmächtig geworden wäre. Sie stolperte und fing sich keuchend wieder. Sie musste weitergehen. Die Straße kam gleich nach dem Hügel. Sie konnte das Glitzern des Flusses zwischen den Bäumen erkennen. Nur noch dort rüber, dann hätte sie es geschafft. Der feuchte Geruch war widerlich. Er stach ihr faulig und verdorben in ihre Nase. Eine Wolke zog über den Mond und das Ende des Weges lag im Dunkeln. Eine Finsternis, die schon fast wie ein Block wirkte. Ihre Füße fühlten sich wie Blei an. Sie hatte Todesangst. Mit jedem Schritt wurde es dunkler. Plötzlich, wie aus dem Nichts, packten sie zwei kräftige Hände und drückten ihre Kehle zu. Sie wurde auf den kalten Boden heruntergerissen. Sie wollte schreien, doch sie konnte nicht, denn jemand hielt ihr den Mund zu. Als sie erkannte, dass es ihr Freund war, schlug er zu. Er zerrte sie an ihren Haaren nach Hause. Dort riss er ihr die Kleider vom Leib, weil sie sich wehrte, schlug er immer wieder zu. Er vergewaltigte sie mehrmals wie schon so oft zuvor. Ich las zu Ende, schaute ihn an und fragte: „Das stimmt doch wohl nicht, oder?“ Er lächelte verschmitzt und sagte: „Doch, doch das war so, aber was wollen die überhaupt?

Das ist doch meine Frau."

„Nein", sagte ich, „erstens seid ihr nicht verheiratet und zweitens ist das nicht normal."

„Ich liebe sie über alles", schrie er erregt los, „und ich könnte es nie verkraften, wenn sie irgendwann einen anderen hätte!" Wenn man von seinen andauernden obszönen Flüchen über seine Frau und dessen Familie absehen und sein ab und zu durchsickerndes Lächeln als eine nette Geste einschätzen würde, könnte man glauben, dass er der hilfsbereite Nachbar von nebenan wäre. Da waren sie wieder, die zwei Gesichter eines Menschen. Egal wie ich argumentierte, ich konnte ihn nicht überzeugen, dass er falsch dachte und handelte. Er ging in Revision, damit er schneller entlassen werden und sich um seine Frau kümmern könnte. Eine tickende Zeitbombe. Ich dachte, wenn der mal rauskommt …

Wer einmal aus dem Blechnapf frisst, tut es immer wieder, heißt es. An diesem Spruch scheint etwas Wahres dran zu sein, denn während meiner langen Haftzeit sah ich immer wieder die gleichen Gesichter, die zwar entlassen wurden, aber immer wieder rückfällig wurden. Sie wurden entlassen, um neue Straftaten zu begehen. Fast 30 % der Inhaftierten waren sogenannte Wiederholungstäter. Wie eine Infektion, die immer wieder zurückkehrte, kamen sie in ihr zweites Zuhause zurück. Warum kehrten diese Menschen hierher zurück? Waren die Strafen zu harmlos oder gab es draußen keine Zukunft für sie? Die Sucht nach dem schnellen Geld war wie eine Krankheit. Ein, zwei Überfälle hier, ein paar Drogendeals dort, es war ein Kreislauf ohne Ende. Viele Gefangene waren sauer und wütend auf den Staat und schworen, dass sie es dem Staat zurückzahlen und sich beim nächsten Mal nicht erwischen lassen würden.

Ich hatte schon fast überall gearbeitet und wurde immer wieder eines Besseren belehrt, nämlich, dass es immer schlimmer kommen konnte. Die Ideenvielfalt der Insassen war unerschöpflich, dagegen hatte die Anstalt keine Chance. Viele Hotels und andere Firmen ließen ihre Wäsche in der Anstalt waschen. Ein Lastwagen brachte die dreckige Wäsche vorbei. Natürlich wurde die dreckige Wäsche nicht durchsucht. Da die Wäsche von den Gefangenen ausgeladen wurde, kamen Drogen und andere Gegenstände leicht und locker in die Anstalt. Ja sogar einen Panzer hätte man in die Wäscherei fahren können, ohne dass es jemand bemerkt hätte. Denn die Gleichgültigkeit der Beamten war erschreckend und gefährdete somit die Sicherheit der Anstalt. Das war eine Möglichkeit von vielen, die verbotenen Gegenstände unter den Augen der Beamten in die Anstalt zu bringen. Viele Gefangene, die Lockerungen hatten und für mehrere Stunden ihre Freiheit genossen, schluckten die Drogen und brachten sie in die Anstalt. Danach wurden sie wieder ausgeschieden und in der JVA verteilt. Die Anstalt war ein Unternehmen, aber in diesem Unternehmen gab es kleinere Gruppen, die auch Geschäftszweige hatten und sich den Kuchen aufteilten. Tabletten, Drogen, Handys und Alkohol wurden in verschiedene Gruppen aufgeteilt. Es gab allerlei Möglichkeiten, verbotene Gegenstände in die Anstalt zu schaffen. Zehn Sicherheitslücken, in denen alles hereinrutschte, was das Herz begehrte. Während die Beamten die Zellen auf- und zuschlossen, dachten und arbeiteten die Gefangenen an Plänen, wie sie wo etwas übergeben oder verstecken konnten, und das meistens vor den Augen der Beamten. Während der Arbeit, vor meinen Augen, wurde Kokain gezogen, Hasch geraucht und Heroin gespritzt. Es war unglaublich, aber die Realität. Ein Beamter sagte mir: „Was soll ich denn machen, solange sie ihre Arbeit machen, mehr schlecht als recht, ist uns das egal.“ Mich wunderte es, weil man jedem Gefangenen ansehen konnte, wenn er high war. Ich sah es und alle anderen auch. Obwohl alle darüber sprachen, ihre Geschäfte machten, passierte nichts. Über den Kaufmann kamen Drogen und Handys in präparierten Kartons und wechselten ihre Besitzer, während überall Beamte herumstanden und sich unterhielten.

Es wurde viel über die Resozialisierung von Verurteilten gesprochen oder geschrieben. Irgendwo wurden irgendwelche Prognosen von irgendwelchen Menschen in einem warmen Büro verfasst, die absolut keine Ahnung von dem Leben und der Funktionalität in einer Anstalt hatten. Sie konnten nicht wissen, wie die Resozialisierung eines Menschen, der lange Zeit in Haft war, überhaupt funktioniert. Auf Papier sah der Weg der Resozialisierung, den die schlauen Köpfe aufgestellt hatten, ganz einfach aus. Den musste die Anstalt nur noch umsetzen. Der Gefangene sollte schon von Beginn seiner Inhaftierung auf sein bevorstehendes Leben außerhalb der Mauern vorbereitet werden. Das hörte sich gut an und wäre bestimmt richtig. Denn von Anfang an stand der Gefangene unter einem großen psychischen Druck, der umso größer wurde, wenn es keine Perspektive gab. Er resignierte, wurde depressiv und verfiel den Drogen, obwohl er in der Freiheit nie welche genommen hatte. Je länger die abgesessene Zeit war, umso mehr hatte der Gefangene sich an den Vollzug gewöhnt und fühlte sich leider wie zu Hause, aber seine Psyche war total verändert und er war nicht mehr der, der er vorher war. Das führte dazu, dass er vom Arzt Tabletten bekam, die ihn zwar beruhigten, aber abhängig machten. Selbst Schmerzen, die ein Gefangener hatte, wurden als Phantomschmerzen dargestellt, welche wiederum mit Tabletten behandelt wurden. Die Resozialisierung rückte immer weiter in die Ferne. Zwar gab es Schulbesuche, Anti-Gewalt-Kurse, Drogentherapien, Arbeitsstellen. Dennoch waren diese Maßnahmen keine Wiedereingliederung in die Gesellschaft und wurden nur als Mittel zum Zweck benutzt. Denn die wahre Resozialisierung begann hinter den Mauern in der Freiheit und dort wurden die meisten Gefangenen wieder rückfällig. Das Leben außerhalb wurde vergessen, dafür gab es nur noch die Welt in der Anstalt, eine irreale Welt, die den Gefangenen festhielt und so schnell auch nach der Haft nicht mehr losließ. Niemand, der die Maßnahmen vorbereitete oder verfasst hatte, saß schon einmal auch nur zeitweise in einer acht Quadratmeter kleinen Zelle mehrere Stunden eingesperrt. So war es ganz logisch, dass die Ideen der Resozialisierungsmaßnahmen gar nicht funktionieren konnten. Nur wer weiß, wie ein Insasse sich in der Haft fühlt, denkt, handelt, lebt, kann Maßnahmen ausarbeiten, wie eine Resozialisierung funktionieren könnte. Wenn ich noch nie im Leben gebacken oder gekocht habe, kann ich kein Kochbuch schreiben und erzählen, welche Zutaten in den Pizzateig kommen. Moment, werden sie sagen, ein Arzt kann auch ein gebrochenes Bein heilen, obwohl er nie in seinem Leben eins hatte. Wenn jedoch der Arzt in New York ist und der Patient in München, wird es schwer für den Arzt, per Ferndiagnose zu sagen, wo der Schuh drückt. Der Arzt könnte unmöglich sagen, wo der Bruch sitzt, was für einen Bruch der Patient hat und wo der Verband angesetzt werden muss. Daher sind Vorgaben für eine Resozialisierung genauso unmöglich. Dass die Resozialisierung nicht so funktioniert, wie sie sollte, hat verschiedene Gründe. Leider war es so, dass es hier viele schwarze Schafe unter dem Personal gab, die die Resozialisierung eines Gefangenen erschwerten, und denen es gefiel, die Psyche des Gefangenen auf eine Feuerprobe zu stellen, indem sie versuchten, ihn aus der Reserve zu locken. Das Problem begann bei den Beamten, die uns täglich durch unseren Vollzug begleiteten und uns zeigten, was sie unter Resozialisierung verstanden. Anträge verschwanden, Arztbesuche wurden gestrichen, Leibesvisiten wurden durchgeführt – ohne einen Grund. Pakete wurden einfach mal so länger in der Kammer gelassen, abonnierte Zeitungen kamen plötzlich nicht mehr an, Verlegungen wurden angeordnet, die Zelle wurde öfter durchsucht, Lebensmittel ausgekippt und Drohungen wurden ausgesprochen. Der „Weser Kurier“, der den Gefangenen vom Verlag zur Verfügung gestellt wurde, wurde vom Personal eingesackt. Denn hier stand das Wort des Beamten gegen das eines Verbrechers.

Haben Sie schon mal Negatives über den Strafvollzug in den Medien oder der Presse gehört oder gelesen? Wahrscheinlich genauso wenig wie ich in 14 Jahren Haft. Warum das so ist, ist logisch. Wie sollte die Presse hinter die Mauern schauen, wie sollten Informationen an die Presse kommen? Gar nicht. Und wenn, dann glaubte es niemand. Die Anstalt ist ein geschlossenes System, in dem andere Gesetze gelten als die vom Gesetz festgehaltenen. Nur wenn ein Gefangener mal ein Buch schreibt, was selten genug vorkommt, bekommen die Menschen etwas von den Zuständen hinter den Mauern von Justitia mit. Naja, wahrscheinlich interessiert es auch kaum jemanden. Ich konnte nur dieses Buch schreiben, da alle meine Jobs in der Anstalt Vertrauensjobs waren (Bücherei, Sporthalle, Gefangenenzeitung, Pastor usw.). Das bedeutet, dass ich mich fast alleine auf allen Abteilungen bewegen konnte und alles, aber wirklich alles mitbekam. Natürlich konnte es keiner glauben, dass irgendjemand hier in der Lage war, alles in einem Buch festzuhalten, geschweige denn das Buch zu veröffentlichen. Ich saugte jede Situation in mich auf wie ein wissbegieriger Schwamm, um es dann ganz genau aufzuschreiben. Nach meiner Entlassung sprach ich mit einem Abgeordneten der Grünen über die Situation in der Anstalt, aber nichts geschah.

Wie schrecklich manchmal das Schicksal zuschlagen konnte und wie eng die Grenze zwischen Leben und Tod, Freude und Schmerz war, zeigte die Tat an dem Taxifahrer, der nur seinen Job machte, um seine Frau und seine beiden Kinder zu ernähren. Das Schicksal meinte es nicht gut mit ihm, als ein junger Fahrgast am Taxistand einstieg. Es war Frank P., 24 Jahre alt. Er bedrohte den iranischen Taxifahrer mit einer Waffe und zwang ihn, das Geld aus seiner Brieftasche herauszugeben. Der Fahrer widersprach ihm nicht und gab ihm sein Geld heraus. Es waren 60 Euro. Als Frank P. das Taxi verließ, um zu flüchten, folgte ihm der Fahrer. Bevor sich der Räuber auf sein Fahrrad schwingen konnte, um zu entkommen, war der iranische Taxifahrer schon da und hielt ihn fest. Frank P. feuerte nach seinen Angaben zuerst auf die Oberschenkel. Als die Schüsse den Fahrer nicht daran hinderten, den Täter festzuhalten, feuerte er noch einmal eiskalt auf den Oberkörper des Fahrers. Die Kugel ging durch den Bauch und verletzte den Rückenwirbel des Taxifahrers. „Das war mir scheißegal!", schrie er mich an. „Warum spielt der Scheißkerl den Helden!" Nachdem er den Taxifahrer niedergeschossen hatte, fuhr er nach seiner Aussage mit dem Fahrrad durch Hamburg, während die Polizei auf Hochtouren arbeitete. Nachdem Frank P. die 60 Euro ausgegeben, sich mit Essen und Trinken versorgt hatte, beschloss er aus Angst vor Rache der Familie des Opfers sich zu stellen. „Ich war sicherer im Knast", sagte er mir. Der Taxifahrer aus dem Iran war querschnittsgelähmt, er sollte nie mehr laufen und die Freuden des Lebens genießen können. Ich kannte den Täter gut, wir waren beide Arbeiter hier in der U-Haft, saßen oft zusammen und sprachen über Gott und die Welt, na ja, wohl weniger über Gott und mehr über unsere Taten. Es wunderte mich, wie ruhig und gelassen er es sah, dass er jemanden verletzt hatte. „Naja, irgendwann musste es ja passieren", stöhnte er, „bei den Überfällen vorher ist alles gut gegangen." Er zeigte absolut keine Reue. „Dann muss ich wohl sitzen", lachte er. „Bei den anderen Taxifahrern hat es sich gelohnt, aber bei diesem nicht", erzählte er weiter. „Ich hätte auch noch weitergemacht, das sind absolut sichere Dinger. Ich lass mich auf einen Parkplatz fahren zum See oder zum Park, wo keine Menschen sind, ziehe die Knarre und schnappe mir das Geld. Normalerweise sind die Fahrer feige, ich weiß gar nicht, was in den Penner gefahren ist. Nächstes Mal mache ich es besser. Das ist ein absolut sicheres Geschäft, da habe ich jeden Tag mein Geld“, lächelte er. „Und das wegen 60 Euro? Warum hast du keine Spielzeugpistole benutzt, dann hättest du niemanden verletzt“, fragte ich. „Noch einmal lasse ich mich nicht erwischen, und wenn, wird es keine Zeugen mehr geben, die gegen mich aussagen können.“ Seine Antwort war erschreckend und kaltblütig. „Es waren 70 Euro und aus einer Spielzeugpistole kommen keine Kugeln, wem soll man damit imponieren?“ Es kam so, wie es kommen musste. Der Staatsanwalt forderte 14 Jahre und 10 Monate Haft. Auf die Aussage des Täters, ein Mensch stirbt nicht so schnell, hätte er diese Strafe auch verdient, was auch die Meinung vieler Menschen war. Das Gericht ließ Gnade vor Recht ergehen und verurteilte Frank P. wegen räuberischer Erpressung und versuchten Totschlags zu 11 Jahren und 6 Monaten.

Es war heiß, die Sonne schien angekommen zu sein. Heute sollten es 30 Grad werden. Ich drehte den Wasserhahn auf, um mir ein Glas kaltes Wasser zu holen. Das Wasser enthielt zwar viel Kalk, aber es war kalt und eine andere Möglichkeit gab es nicht sich abzukühlen. Das Glas, aus dem ich getrunken hatte, verlangte danach gespült und wieder zu den anderen Gegenständen auf der Ablage über dem Waschbecken gestellt zu werden. Als Kind habe ich mal in einem Märchen gelesen, dass nachts in einem Haus die Spielsachen miteinander zu reden begannen. Als ich dann noch gelesen habe, dass Eier in Ohnmacht fallen, wenn man sie schroff behandelt, dass Wände nachts reden, so schien es der Wahrheit sehr nahe, denn hier in der Zelle war es so, als wenn die Gegenstände reden oder wenigstens darauf warteten angesprochen zu werden.

Während dieser Zeit, als ich glaubte, den Verstand zu verlieren, lernte ich Hasan kennen. Er saß wegen einer Geldstrafe und sprach kaum Deutsch. Er müsste 20 Tage arbeiten, dann wäre er frei, sagte er mir. Er sagte, dass er wiederkommen würde und dann für länger. Er fragte mich immer wieder, was er für eine Strafe bekommen könnte, wenn er jemanden umlegen würde. Wie die Gesetze_hier wären. Er würde seinen Onkel hassen. Er hätte vor, ihn umzubringen. Ich traute meinen Ohren nicht. „Ich hasse ihn", erzählte er mir weiter. Ich sagte, er solle ihm aus dem Weg gehen. „Ich werde es tun, aber ich werde es schlauer machen als die anderen", erwiderte er. Ich sagte, er sollte mal Torsten fragen, was er bekommen könnte. Torsten war schon oft im Knast. Zehn Jahre saß er schon einmal wegen Totschlags. Er kannte sich hier aus. Er schrieb einen Antrag an den Klempner, der aus der Strafhaft kam. Sein WC war defekt, sagte er. Nur ich konnte nichts sehen. „Mann, verstehst du nicht", sagte er. „Ich rufe den Klempner und erzähle ihm, was ich brauche." Dann geht er rüber, um Ersatzteile zu holen und bringt dir die Ware mit. Gewusst wie", sagte er. Und so war es auch. Der Klempner gab ihm vor meinen Augen ein Handy und Heroin, eingepackt in Silberpapier. 200 Euro musste er dafür abdrücken. In bar natürlich. Mein Gott, dachte ich mir. Ich hatte davon früher Mal gehört, aber dass es so einfach war, das war erschreckend. Er freute sich wie ein kleiner Junge. Seien wir ehrlich. Wenn ein Drogensüchtiger selbst im Gefängnis die Drogen bekam, die auf der Straße verboten waren, dann lief hier etwas falsch.

Menschen werden nicht als Kriminelle geboren, sie werden in der Haft erschaffen, geformt und durch den Hass dazu getrieben, die kriminelle Energie, die sie vorher nicht hatten und jahrelang in sich hineinfraßen, nach ihrer Entlassung auszuleben. Ich weiß nicht mehr wann, aber irgendwann zwischen Leben und Tod, Lachen und Weinen, Freude und Schmerz wurde der Hass mein Gefährte. Mein Schatten, mein Freund. Mein Schutzschild. Während der Haft hatte es Zeiten gegeben, in denen dieser Hass sich als strapazierfähiger Kumpel erwies. Besonders nach den Verlusten, die ich erlitt, hatte ich es satt, als er sich immer in meiner Nähe herumtrieb und nie heimging. Allmählich wurde er mir lästig. Am liebsten hätte ich mich von ihm getrennt. Aber wie soll man sich von seinen Schatten trennen? Manchmal schubste ich ihn herum und hoffte, er verschwände aus eigenem Antrieb, was er aber nie tat. Mit jeder Erinnerung an die Verhandlung, an das unmögliche Urteil eines befangenen Gerichts wurde mein Hass größer. Der Hass blieb. Ich konnte mich nicht von ihm trennen. Stattdessen fütterte ich ihn täglich und züchtete ihn als Freund, bis wir beide nicht mehr voneinander loskamen. Der Hass brauchte mich zum Überleben und ich brauchte ihn als Motivation. Er war ein Parasit, der mich einnahm, einen Menschen, der vorher das Wort Hass nicht kannte. Bevor mein Hass mich verschlang, bat ich um ein Gespräch mit dem Psychologen. Er war in Urlaub, hatte aber eine Vertretung. Es war Frau L. Als ich ins Büro geholt wurde, war ich angenehm überrascht. Ihr goldblondes Haar schimmerte im gedämpften Licht des Zimmers. Sie saß auf einem barhockerähnlichen Stuhl und ich musste mir eingestehen, sie sah verdammt gut aus, zu gut für eine Seelenklempnerin. Sie trug ein dunkles purpurrotes Kostüm. Unter der geöffneten Jacke war eine tief ausgeschnittene Bluse zu sehen. Um ihren Hals lag eine Perlenkette, die in der Mulde zwischen ihren Brüsten verschwand. Auf dem Stuhl neben ihr lag ein zusammengefalteter lila Mantel. Sie glitt von ihrem Hocker, um mich zu begrüßen. Ihr Rock war länger geschnitten, also züchtig, sodass ich ihre eleganten Beine nicht zu sehen bekam. Ein Hauch von Parfüm kam mir entgegen. „Ich hoffe, ich habe Sie nicht zu lange warten lassen“, sagte sie, als ich mich setzte.

Es war Freitag, als meine Tür aufging und der Beamte mich duschen ließ, da ich Besuch hatte. Ich schnappte mir ein Handtuch, das Shampoo und flitzte los. Die Flure waren leer, da alle noch Einschluss hatten. Ich konnte die Beamten hören, wie sie im Büro ihren Smalltalk abhielten. Plötzlich kamen drei Gefangene aus drei verschiedenen Zellen. Ich beschleunigte meine Schritte, achtete aber darauf, dass kein Laufen daraus wurde. Zwei Gefangene überholten mich im Laufen und postierten sich vor dem Duscheingang. Der eine eher schmächtig, der andere sah verteufelt kräftig aus. Ich zögerte. Ich konnte versuchen, an ihnen vorbeizukommen, was unter Umständen in ein Handgemenge ausarten würde. Einer der beiden fragte mit einem russischen Akzent, wie ich heißen würde und ob ich Deutscher sei. „Was macht das aus?“, fragte ich ihn. Ich lächelte ihn an und griff zur Türklinke, um hineinzugehen. Er stellte sich vor mich und sagte: „Nicht jetzt.“ Er war ca. 1,90 groß und stämmig gebaut. Seine Tattoos am Hals und Arm zeigten mir, dass er schon des Öfteren im Knast war. Seine Blicke verrieten, dass er entschlossen war, mich auf keinen Fall in die Dusche zu lassen. Ich schaute mich um. Wir beide waren alleine und ich kam mir ziemlich einsam vor auf dem Flur. Plötzlich ging die Tür auf und jemand lief schreiend hinaus. Ein junger Mann, ca. 23 Jahre alt, blond, nicht gerade groß, ziemlich schmächtig. Ein Typ von Mann, der bei einem Korkenknall das Weite suchen würde. Drei weitere Hünen kamen aus der Dusche und jetzt war mir klar, was hier vorgefallen war. Der Flüchtende rannte nicht, er lief um sein Leben.

Es ist erschreckend, unglaublich, unfassbar und dennoch faszinierend, wie Mörder, Vergewaltiger und andere Gefangene mir ihre Geschichten erzählten, mit unheimlichen Details, die das Gericht in 50, 60 oder manchmal sogar 100 Verhandlungstagen recherchieren und beweisen musste und oft nicht schaffte.

Viele Täter, die von ihrem Aussageverweigerungsrecht Gebrauch machten und ihren Mund hielten, um den Richtern keine Angriffsfläche zu bieten, wussten im Gegensatz zu mir nicht, dass das Gericht sie auch so verurteilen würde, denn im Urteil des Richters lag die Macht, dich für lange Zeit wegzusperren. Bevor die Beweisaufnahme abgeschlossen war, warst du schon aufgrund von Indizien und Vermutungen verurteilt. Wenn du einmal auf der Anklagebank sitzt, bist du verloren. Obwohl die sogenannten Täter vor Gericht schwiegen, plauderten sie bei mir aus dem Nähkästchen, was ja auch normal war, denn ich war einer von ihnen. Aus personenrechtlichen Gründen wurden natürlich alle Namen von mir geändert.

So wie auch von Klaus E., 31 Jahre, der wegen sexuellen Missbrauchs einer 13-Jährigen hier saß. Es war September, als ich mit 13 Leuten im Lazarett, also in der Krankenabteilung saß und wartete, dass ich aufgerufen wurde. Wir unterhielten uns, als einer Klaus ansprach und fragte, ob er das mit der Vergewaltigung sei. Klaus sagte, dass er ihr nichts getan hätte. Sein kurzes Haar war verfilzt und so verschwitzt, dass es glatt herunterhing. Die rechte Gesichtshälfte schien am Kiefer mit purpurner Tinte verschmiert zu sein, doch es war eine Prellung, wie sich später herausstellte, welche die gesamte Seite seines Halses verunstaltete. Wo seine Haut nicht geprellt oder dreckverschmiert war, war sie grau und körnig, als hätte sie eine lange und schwierige Krankheit überstanden. Sein rechtes Auge war feuerrot. Kein Weiß war mehr sichtbar, nur die dunkle Iris und die dunklere Pupille, die in einer Blutpfütze trieb. Es war das Gesicht eines Menschen, das die Schlacht verloren hatte, und nicht das Gesicht eines Siegertyps. Jeder, der einen Kampf leistet, trägt Wunden daran, am Körper wie auch an der Seele. Seine körperlichen Wunden hatte er schon von einigen Gefangenen abbekommen, denn solche Taten an Kindern waren hier verhasst und jeder verstand es, auch ich, denn ich hatte selber Kinder. Seine seelischen Wunden würde er noch bekommen, mit der Zeit, wenn er es gewesen war. Ich bin kein Ankläger und richten kann nur Gott und das hier war immer noch eine U-Haft, ich war nicht befangen und hier sollte die Unschuldsvermutung gewahrt werden. Im Alltag war er vielleicht ein guter Mensch, hatte einen Beruf, die Leute lachten über seine Witze, suchten seinen Rat, teilten Leid und Freud mit ihm. Wahrscheinlich ging er an Samstagen tanzen, glitt mit einer lächelnden Frau über die Tanzfläche und spielte am Sonntag mit seinen Kindern im Garten und bewegte sich zum selben Rhythmus, zur selben Musik, die alle anderen auch hörten. Wahrscheinlich war er ein ganz normaler Mensch, aber nur wahrscheinlich. Aber vielleicht war er auch ein Soziopath. Der Soziopath mochte Opfer, die zwar älter waren, aber durch ihre Art und Kleidung jünger aussahen. Er mochte Opfer, die zweifellos 16 waren und mit ihren schlanken Armen, zarten Gelenken und Händen und ihrer Art wie elf aussahen, naiv und unschuldig. Triebtäter wurden von Schönheit und Unschuld angezogen, weil sie den Drang verspürten, sie zu beflecken. Oft hatten sie auch Probleme in der Kindheit, bekamen nicht die Zuwendung und Beachtung, die sie_brauchten, wurden misshandelt oder wurden in der Gesellschaft nicht anerkannt und hatten noch nie eine Beziehung, deswegen suchten sie sich Kinder aus, die sich nicht wehren konnten und leicht zu verführen waren. Nach der Tat konnte sich der Täter der Person, die er begehrt hatte, endlich überlegen fühlen. Wenn die Unschuld und Schönheit zerstört waren, war der Trieb des Täters befriedigt, jedoch nur fürs Erste, denn hatten solche Täter, die vom Gesetz als krank eingestuft werden, von der verbotenen Frucht probiert, gab es kein Zurück mehr und sie taten es immer wieder. Drogensüchtige oder Spielsüchtige kann man heilen, jedoch kann die Prognose, die von Ärzten ausgestellt wird, geheilt zu sein, bei diesen Tätern zu einer extremen Gefahr führen, da die Fehleinschätzung das Leben und die Zukunft eines kleinen Kindes und dessen Familie zerstören kann.

Ich war verdutzt, ich hatte ihn gefragt, warum er hier sei, und er antwortete, es wären ein paar Kleinigkeiten. „Warum hast du mich angelogen, wenn du es nicht warst?“, fragte ich ihn. Er sagte, er hätte Angst. Seine Mutter sei schwer krank und er mache sich Sorgen um sie. Er erzählte, dass er aufgrund einer Aussage eines Mädchens verhaftet wurde. Wir hörten alle zu und er erzählte. Er war am Baggersee. Dort kaufte er sich eine Cola am Kiosk. Weil der Verkäufer kein Kleingeld hatte, gab er ihm stattdessen ein Eis. Obwohl er kein Eis mochte, nahm er es. Es war heiß, mitten im Sommer. Er fuhr mit seinem Fahrrad an einem Kinderspielplatz vorbei, wo er das Mädchen sah. Er setzte sich zu ihr, gab ihr das Eis und streichelte sie über ihre Wange. Sie war ca. zwölf Jahre alt. Er schenkte ihr das Eis, das schon am Schmelzen war. Dann setzte er sich auf die Schaukel und gab ihr Schwung. Ich sagte ihm, dass der Richter ihm einige unangenehme Fragen stellen würde. Dass er wusste, dass man Kinder mit Eis locken könnte, warum er sie berührt hätte, dass sie ein fremdes Mädchen wäre und was er auf einem Spielplatz zu suchen hätte. Er war vorher schon negativ aufgefallen, als er in Spielplatznähe urinierte und dabei beobachtet wurde. Er war ein komischer Typ und diese Indizien alleine würden ihn für lange Zeit ins Gefängnis bringen. Es war totenstill, man hätte eine Stecknadel fallen hören können. Wir starrten ihn alle an und glaubten ihm nicht. Plötzlich wurde er wütend, sein Gesicht wurde rot, die Adern pochten in seinem Hals, die Nackenmuskeln traten hervor. „Das geht euch gar nichts an!“, schrie er laut. Sofort sprang ein Russe auf und schlug ihn mit voller Wucht in die Nieren. Der Kinderschänder schnappte nach Luft und keuchte. Er atmete immer schneller und tiefer, bis er ohnmächtig wurde und umkippte. Er fiel vor unsere Füße. Wir riefen den Beamten und sagten, dass er umgefallen wäre.

Einer von vielen Tagen, als ich lautes Geschrei aus einer Zelle hörte. Ich ging ans Fenster und schaute nach. Viele Insassen standen an ihren Fenstern. Es war der Marokkaner von nebenan, der laut schrie und wahrscheinlich seine Zelle auseinandernahm. Seine Schreie wurden immer lauter. Dann plötzlich kamen aus allen Richtungen Beamte angelaufen, um den Gefangenen in die Schranken zu verweisen. Ich hörte, wie die Beamten den Gefangenen anschrien und nach den Geräuschen zu urteilen noch vieles mehr. Dann plötzlich Stille. Ich ging zur Tür und lauschte. Der Marokkaner rief laut: „Lasst mich in Ruhe, ich habe Schmerzen. Hört auf damit, ihr tut mir weh!“ Dann ein lautes Knallen und das Weinen des Gefangenen. Durch einen Schlitz in der Tür sah ich, wie vier Beamte mit Masken den Gefangenen über den Flur zerrten und auf ihn eintraten. Am nächsten Tag hörte ich, dass sie den Gefangenen in den Bunker gesteckt hatten. Ganze sieben Tage lang blieb er in dem Loch. Auch dieser Gefangene hatte das Recht nach den Gesetzen auf eine Freistunde. Wieder einmal machte die Anstalt mit einem Gefangenen, was sie wollte. Da ich zurzeit in der Kammer arbeitete und jeder, der in den Bunker kam, an uns vorbei musste, konnte ich verfolgen, wie die Beamten mit einem Arzt den Gefangenen aufsuchten. Ich bekam mit, dass der Gefangene nichts essen und nicht trinken wollte, aber auch, dass er seit fünf Tagen keine Freistunde hatte. Aber das war hier nichts Neues, obwohl es europäische Grundsätze gibt, die beachtet werden mussten. Hier ein Auszug der Mindestgrundsätze für die Behandlung der Gefangenen: „Nr.86. / Gefangenen, die nicht im Freien arbeiten oder in einer offenen Anstalt untergebracht sind, ist, wenn es die Witterung zulässt, täglich mindestens eine Stunde Spaziergang oder geeignete Bewegung im Freien, möglichst geschützt vor Unbilden der Witterung, zu gestatten.“

Als der Marokkaner wieder draußen war, erzählte er mir, dass er wegen starken Schmerzen auf Notlicht drückte und nach Schmerztabletten fragte. Als nach 20 Minuten der Beamte kam, beschimpfte der den Gefangenen, ob er denn bescheuert sei, deswegen auf Notlicht zu gehen. Er sollte gefälligst bis morgen warten. Der Marokkaner erklärte den Beamten, dass er starke Zahnschmerzen hätte und sein Schädel gleich auseinanderplatzen würde. Seine Schmerzen waren so stark, dass er schrie und gegen den Schrank prügelte. Auf so eine Gelegenheit warteten viele Beamte, die schon frustriert waren durch ihren Job und private Problemen. Hier konnten sie ihrem Frust freien Lauf lassen und mit ruhigem Gewissen auch mal ab und zu zuschlagen, ohne jemandem Rechenschaft abzulegen. Genau das passierte bei dem Marokkaner. Der Beamte trommelte seinen Kollegen zusammen und sie stürmten in die Zelle, wo ein Mensch vor Schmerzen weinte. Mit der Routine eines Schlägertrupps zerrten sie den 1,65 Meter kleinen, schmächtigen Gefangenen über den Flur und ließen ihrer Wut freien Lauf. Obwohl der Gefangene sich nach seinen Angaben nicht wehrte und auch keine Chance gehabt hätte gegen die durchtrainierten Beamten. Er weinte, als er es mir erzählte, und fragte mich, ob das normal sei. Ich wollte diese Frage nicht beantworten, denn ich wusste, es war normal.

Nach einem Gerichtsmarathon mit 39 Verhandlungstagen war es endlich so weit. Es war Zeit für das Plädoyer. Die Anklage machte stets den Anfang. Weil ihr die Beweislage zufiel, bekam sie als erstes die Chance, das Gericht zu überzeugen, dass sie die Schuld des Angeklagten über jeden vernünftigen Zweifel hinaus bewiesen hat. Staatsanwalt P. fasste die Indizien zusammen und machte eine Pause. Innerhalb von acht Minuten ratterte der Staatsanwalt herunter, was er hatte. Er redete was von Ehre und Eifersucht, dass zwar keine Beweise vorlagen, aber dennoch die Indizien ausreichen würden. Er hielt eine lebenslange Strafe für angebracht. Ich dachte, ich bin im falschen Film, mein ganzes Leben lief in Sekundenschnelle vor meinen Augen ab. Sollte ich über die Ansprache des Staatsanwaltes lachen oder weinen? Ich fühlte gar nichts. Es war, als wenn ich eine Morphiumspritze bekommen hätte und meine Nerven und Gefühle lahmgelegt waren. Dann wartete ich ab, wie mein Verteidiger das Gericht überzeugen wollte, dass ich unschuldig war. Zu den Behauptungen, die von einer Anwaltsgeneration an die nächste weitergeben wurden, gehört auch der Ratschlag, das Gesetz geltend zu machen, wenn die Fakten gegen einen sprachen und sich auf Fakten zu berufen, wenn das Gesetz gegen einen sprach. Das Plädoyer meines Verteidigers dauerte zehn Minuten und dann war alles vorbei. Der Staatsanwalt war sich seiner Sache sicher. Aber das war normal, wenn man mit den Richtern tagein, tagaus zusammensaß, dann wurde mal eben der eine oder andere Fall zwischen dem ersten und dem zweiten Gang besprochen und vielleicht sogar entschieden. Staatsanwalt P. stand auf, gestikulierte und genoss von Anfang an die ungeteilte Aufmerksamkeit. Es war eine seltsam faszinierende Mischung, dieses Strenge, füllige Äußere und das Beinahe-Lispeln. Doch was auf den ersten Blick merkwürdig erschien, entpuppte sich als ein Zeichen seiner Autorität und Macht. Das Lispeln fiel wegen seines Äußeren weniger auf, aber seine Gesichtszüge und seine Ausdrucksweise zeigten seine Entschlossenheit, mich zu verurteilen. Je länger er sprach, desto härter wurde es. Ich legte den Arm auf den Tisch, betrachtete meine Hände, rieb den Daumen gegen den anderen und sah zu, wie der Staatsanwalt mein Leben zerstörte. Tief in Trance hörte ich den Staatsanwalt über die Tatwaffe sprechen und das sie nicht gefunden wurde. Ich war für die Justiz nur eine Spielfigur gewesen, die bereits schachmatt gesetzt wurde, bevor ich zum Zug kam. Ich war der lebende Beweis für jeden, um zu demonst-

rieren, dass passive Handlungen genauso bestraft wurden wie aktive und dass man niemanden verletzt haben musste, um bestraft zu werden. Ich verstehe heute noch nicht, warum ich wegen Beihilfe angeklagt und verurteilt wurde, da ich die Tat nicht gesehen hatte und somit nicht billigen oder verhindern konnte. Es wurde ein Exempel an mir statuiert und das von Anfang an. Ich hatte theoretisch schon verloren, als ich angeklagt wurde. Den Infos, die von Richter K. an die Presse gelangten, konnte man entnehmen, dass meine Verurteilung feststand. Ich fragte mich jetzt nur, wer denn hier eigentlich die wahren Verbrecher waren? Die, die verurteilt wurden? Oder die, die urteilten? Es ging mir nicht darum, straffrei auszugehen, sondern vielmehr darum, dass der Rechtsstaat auch nach dem Gesetz handelte, aber das tat er nicht. Wo war die Verhältnismäßigkeit geblieben, das Recht des Angeklagten auf eine faire Verhandlung und im Zweifel für, anstatt gegen den Angeklagten zu urteilen? Und diese Zweifel müssten bestehen, da der Richter vermutete, dass ich die Tat gebilligt hätte. Gab es diese Rechtsprechung überhaupt? Was für ein Rechtsstaat sollte das hier sein? Teilnahmslos schweifte mein Blick von den Richtern zum Publikum über den Protokollführer zur Nebenklage. Wir hatten alle unsere Teilzeitrolle in einem Stück, das sich endlos wiederholte, und während ich zuhörte, spürte ich etwas wie den sanften Hauch eines Flügels, der mir Gänsehaut verlieh und mir das Gefühl und die Gewissheit gab, dass ich verloren hatte.

Großes Aufsehen erregte der Fall K., der von verdeckten Ermittlern geradezu in große Drogendeals verwickelt wurde, trotz der Drogenabhängigkeit des Y. K. Geradezu präzise durchdacht und mit krimineller Energie ausgeführt drängten die verdeckten Beamten den Angeklagten in eine Drogenfalle, ohne die Handlungen der Ermittler hätte der Angeklagte dieses Geschäft nicht durchgeführt. Das Gericht sah es als erwiesen an, dass der Angeklagte K. ohne die Handlungen der Beamten diese Tat nicht begangen hätte. Ein Auszug aus dem Urteil: Zugunsten des Angeklagten K. war zu berücksichtigen, dass er die Taten eingeräumt und allen Beteiligten so die Durchführung einer umfangreichen Beweisaufnahme erspart hat. Der Angeklagte war selbst kokainabhängig und hat die Taten unter anderem zur Finanzierung seines Drogenkonsums begangen. Dabei wurde er durch das überzeugende Auftreten der verdeckten Ermittler in immer größere Geschäfte verwickelt, sodass er sich aus den Geschäften nicht mehr heraushalten konnte, obwohl er dies sogar vor der Tat versucht hat. Zu seinen Lasten muss dagegen ins Gewicht fallen, dass durch ihn zum Teil große Mengen an Kokain an die verdeckten Ermittler verkauft worden sind.

Obwohl Herr K. drogenabhängig war, er die Geschäfte für den Konsum seiner Drogensucht gemacht hatte, versuchte er vorher das Geschäft mit den Ermittlern nicht zu tätigen. Von den Ermittlern dazu getrieben, wurde ihm vorgeworfen, große Mengen an Kokain an die Ermittler verkauft zu haben. War es nicht so, dass es ohne die Beteiligung der Beamten erst gar nicht zur Abwicklung des Drogengeschäftes gekommen wäre? Musste es nicht so sein, dass Drogensüchtige vor weiterem Konsum und Handel geschützt werden müssten? Wäre es nicht so, dass der Angeklagte K. jetzt in Freiheit wäre als in der Haft, wenn diese Tat ohne die Teilnahme der verdeckten Ermittler gar nicht zustande gekommen wäre?

Es war so weit. Wie erstarrt hörte ich mir das Urteil an. Plötzlich war mir, als hätte sich eine schwarze Wolke vor die Sonne geschoben. Ich blickte hoch, doch da war keine Wolke. Der Himmel leuchtete strahlend blau. Jetzt wusste ich, wie sich viele andere gefühlt haben mussten, die wegen einer Tat verurteilt wurden, obwohl sie es nicht gewesen waren. Während des Urteils dachte ich, ich müsste sterben, mich übergeben. Meine Sinne waren so durcheinander, dass ich dachte, ich könnte den Herzschlag des Richters hören, die Freude des Staatsanwaltes riechen und die Atmosphäre schmecken. Ich fühlte mit all den anderen zig Tausenden zu Unrecht verurteilten Menschen, denn ihre Angst war meine Angst, ihre Scham war meine Scham. Auch die Wut hatten wir gemeinsam, ebenso die Panik, die Verletztheit und das Gefühl hilflos zu sein. Ich fühlte mich wie in einem schlechten Wild-West-Film, der Gerichtssaal war die Stadt des Richters und hätte es im Saal einen Baum gegeben, hätte er mich persönlich aufgeknöpft. Selbst Zuschauer, die den Prozess bis jetzt verfolgt hatten, waren erschüttert. Denn obwohl ich eindeutig niemanden angegriffen oder verletzt hatte und dieses der Richter auch bestätigte, verurteilte er mich aufgrund von Vermutungen, ohne dass ein einziger Zeuge von ca. 50 mich belastete. Ohne einen einzigen Beweis, ohne Zeugen, die etwas gesehen hatten. Und obwohl das Opfer keine Spuren von mir oder ich von ihm hatte, es auch keine Fingerabdrücke am PKW des Opfers gab, ich Gas im Gesicht hatte, dieses durch einen Gutachter bestätigt wurde, ich dadurch nichts gesehen hatte, wurde ich zu 13 Jahren verurteilt. Ihm reichte es vollkommen aus, dass ich am Tatort war. Er vermutete, dass ich es gebilligt hätte, jedoch müsste ich die Tat gesehen haben, um es zu billigen. Ich war fassungslos. Recht haben und Recht bekommen war wirklich etwas anderes. Ich war außer mir, blieb aber so ruhig und gelassen wie immer. Aber völlig überraschend kam das Urteil jedoch nicht. Richter K. brauchte eine Verurteilung. Wenn der Staatsanwalt und der Richter überzeugt waren, dass ich der Täter war, musste ich es sein.

Es war ganz leicht, in Deutschland unschuldig in die Fänge der Justiz zu geraten. Wenn jemand ein seltsames Verhalten an den Tag legte, einen merkwürdigen Tagesablauf hatte, bei seiner Mutter lebte, keinen Job hatte, Stammkunde in zweifelhaften Kneipen, bekannt dafür war, Frauen anzuflirten und in der Nähe eines Tatorts lebte, wo ein Opfer vergewaltigt wurde, hatte er keine Chance, da wieder herauszukommen. Auch Zeugen, DNA oder Fingerabdrücke würden ihn nicht entlasten, sondern belasten. Wenn ein Richter Urteile aufgrund von Vermutungen fällt und Menschenleben und Existenzen zerstört, dann müsste er doch Zweifel haben, da er sich nicht sicher ist, also hätte er Zweifel. Und im Zweifel müsste er für den Angeklagten urteilen.

Als ich wieder im trüben Halbdunkel meiner

stickigen, kleinen Zelle saß, fand ich nicht den geringsten Trost darin, dass ich einer lebenslangen Strafe, die der Staatsanwalt ohne mit der Wimper zu zucken gefordert hatte, entgangen war. Der Gedanke daran schnürte mir die Kehle zu. Die Erfahrungen während meiner Haft und Verhandlung führten mich in die Welt der Fehlurteile, obwohl ich früher daran kaum einen Gedanken daran verschwendet hätte, denn ich lebte in einem Rechtsstaat, dachte ich. Aber jetzt wusste, ich was dieses Wort bedeutete. Rechtsstaat hieß nicht, dass der Angeklagte Recht bekam, nein, irgendjemand hatte das Wort falsch herum aufgeschrieben, denn es müsste Staatsrecht heißen, und somit hatte der Staat immer recht. Das Problem war nicht nur typisch für meine Stadt Ich hatte hier während meiner fast drei Jahre in der U-Haft einige Urteile und Begründungen gelesen. Die Gründe waren fast immer gleich. Schlechte Polizeiarbeit, irrtümliche Identifizierungen durch Augenzeugen, schlechte Verteidiger, arrogante Staatsanwälte und das Wichtigste waren die voreingenommenen, befangenen Richter, die ihre gottähnliche Macht in schwarzen Roben missverstanden hatten. Überall waren Kriminaltechniker völlig überlastet und machten Fehler. Polizeibeamte waren eine Familie mit dem Staatsanwalt und gruben nur negative Dinge aus, die den Angeklagten belasten könnten, verschleierten das Positive, um dem Staatsanwalt den Rücken zu stärken und eine Verurteilung zu bewirken.

Die meisten neuen Gefangenen sagten in den ersten Tagen recht wenig. Der Schock, an einen Ort zu kommen, wo sie einige Jahre leben mussten, war zu viel. Die Angst war überall. Angst vor der Zukunft, Angst davor, das, was sie verloren hatten, nie wieder zu sehen, Angst, nicht überleben zu können, Angst vor einem kaltblütigen Mörder, dem man nur ein paar Schritte von sich atmen hörte, erstochen oder vergewaltigt zu werden.

Im Gang draußen war immer was los. Gespräche unter Gefangenen, lachende Wärter, ein lauter Fernseher, ein Radio, jemand, der einem anderen etwas zubrüllte. Ich hielt mich von der Zellentür fern, ich wollte so weit wie möglich von dem Lärm weg. Ich schlief, las und schaute fern. Hier rauchte jeder und der Geruch von altem und neuem Tabak hing wie ein dichter beißender Nebel über dem Gang. Es gab keine Lüftung und niemand konnte dem schädlichen Qualm entkommen. Alle Fenster auf den Zellen waren zu klein und viele ließen sich nicht öffnen, obwohl sie mit dicken Gitterstäben gesichert waren. Für Menschen, die den ganzen Tag nichts zu tun hatten, war der Höhepunkt des Tages eindeutig das

Essen. Und das war miserabel, ehrlich gesagt, und nicht ausreichend für einen Erwachsenen. Die Gesetze des StvollzG wurden morgens von den Beamten am Tor abgegeben und sie betraten das gesetzlose Gelände. Damit zeigten sie uns ihre Macht und teilten uns ihre Botschaft mit: Wir kriegen euch alle, so oder so.

Auf der Zelle von Arthur, ein Mitglied der Nigeria-Connection, wurde ein Handy gefunden. Das Problem dabei war, dass nach seiner Aussage ein Beamter ihm das Handy verkaufte. Ruckzuck wurde er verlegt. Aber auch ich wusste, dass so etwas üblich war und einige Beamte ein Taschengeld dazuverdienten.

Wie sehr sich die Persönlichkeit des Gefangenen veränderte, spürte ich am eigenen Körper. Während ich in der U-Haft mit den Füßen scharrte und nicht abwarten konnte, bis die Tür aufging, konnte ich es in der Strafhaft kaum abwarten, dass die Tür zuging. Man gewöhnte sich an die Haft und viele resignierten, ließen sich gehen und verloren die Hoffnung. Ich wurde sehr oft zu Ärzten ausgeführt. Bei den ersten zwei Ausführungen war ich hungrig, etwas von Außenwelt mitzubekommen, ein Teil vom Leben draußen zu sein. Ich hing wie ein kleines Kind am Fenster, freute mich, die

Menschen anzuschauen, die zum Einkaufen gingen, sich unterhielten, mit ihren Freunden in den Cafés saßen und sich an ihren kalten Getränken erfreuten. Doch ich merkte, wie schnell es umschlug und ich resignierte. Schließlich bekam ich bei den letzten Ausführungen immer Magenschmerzen, war nervös und wollte so schnell wie möglich wieder in die Anstalt. Ich merkte, dass meine Beschwerden verflogen, sobald ich wieder in der Anstalt war. Es gab ihn wirklich, den Knastschaden. Bei jedem Gefangenen wirkte er sich anders aus. Aber bei allen war die Gewohnheit an die Haft gleich. Gefangene, die in die Lockerung gingen und wiederkamen, hatten alle dieselben Entzugserscheinungen, nicht von der Freiheit, sondern von der Haft.

Ganz Deutschland konnte mitverfolgen, wie Kabel 1 eine vierteilige Reportage über die JVA und ihre Dienstanfänger ausstrahlte. Aber musste es denn so übertrieben sein? Wenn man das Wort getürkt nicht auf eine Nationalität zurückführen könnte, dann würde ich sagen, es war fast alles getürkt. Wir konnten miterleben, wie eine Dienstanfängerin mit Gefangenen umging, als wenn sie in einem Streichelzoo wäre. Ganz toll war auch die Szene, wo sie zigmal die Zelle eines Drogensüchtigen aufsuchte, um zu fragen, wie es ihm ging. Auch die Konversation mit einem Gefangenen in der Tischlerei sah alles andere alles echt aus. Ehrlich gesagt wäre es zu wünschen, dass so etwas passiert, aber es sah eher nach einer schlechten Billigproduktion aus, die die Situation hier nur verschönerte. Auch die Aussage, dass die Dienstanfänger Ausführungen machen, stimmt so nicht. Ich wurde ca. zwölfmal ausgeführt, nie war ein Dienstanfänger dabei und die Zellendurchsuchung dauert auch nicht zwei Stunden. Ich habe natürlich noch genauer hingeschaut, aber nicht nur ich. Viele Insassen und auch Außenstehende fragten sich, wie es denn sein kann, dass eine Dienstanfängerin, die gerade einige Monate in der Anstalt war, über eine vorzeitige Entlassung und die Zukunft eines Menschen mitentscheiden konnte, der lange Zeit in Haft war. Diese Situation machte nicht nur mir Angst, sondern auch vielen anderen Gefangenen, mit denen ich am nächsten Tag sprach. Hätte Haiti für jedes Dankeschön in der Reportage einen Euro bekommen, hätte das Land neu aufgebaut werden können, denn so nett wie in der Reportage gingen wohl nirgends auf der Welt Beamte mit Gefangenen um. Ich selber war in der Reportage vorgesehen, wurde aufgenommen, entschied mich aber hinterher aus privaten und familiären Gründen dafür, mein Gesicht verfremden zu lassen. Daher weiß ich, dass die Sätze, die in der Reportage ausgesprochen wurden, fast alle vorgegeben waren.

Die Aussage „Im Zweifel für den Angeklagten“, wonach die Gerichte entscheiden müssten, war veraltet und überholt. Denn schon lange hieß es „Im Zweifel gegen den Angeklagten“, denn wie könnte ein Richter sonst nach Vermutungen urteilen, wenn er keine Zweifel hätte? Justitia sollte die Waage aus ihren Händen legen und die Augenbinde abnehmen, aber wahrscheinlich würde es ihr die Schamesröte ins Gesicht treiben. Wer denkt, dass Menschen durch den Entzug der Freiheit zu besseren Menschen werden, der irrt gewaltig. Für nur 10 % der Gefangenen führte die Haftstrafe zur Besserung und das waren die Verurteilten, die durch eine einmalige Situation zur falschen Zeit am falschen Ort waren. Viele von denen wurden aufgrund von Vermutungen verurteilt oder hatten die Tat nicht begangen. Resozialisierung ist ein Wort, das irgendwo verstaubt in Büchern steht und vergessen ist. Die USA beweist, dass Strafen nicht zur Besserung führen. Denn obwohl es dort die Todesstrafe gibt und viele Menschen im Jahr hingerichtet werden, steigt die Kriminalität an. Wer für Räuber, Vergewaltiger, Kinderschänder und Mörder nach harter Bestrafung ruft, tut das also von einem verhältnismäßig ruhigen Sessel aus, der meistens in einer gemütlichen

Wohnung in einer friedlichen Kleinstadt steht. Und er tut es im Vertrauen auf den deutschen Rechtsstaat, der ihm das beruhigende Gefühl gibt, niemals eines solch abscheulichen Verbrechens zu Unrecht beschuldigt zu werden. Doch stellen Sie sich vor, Sie geraten trotzdem in die Mühlen der Strafjustiz. Spätestens jetzt, wenn Sie hinter den verschlossenen Türen Ihren Gedanken freien Lauf lassen und glauben, alles verloren zu haben und die Einsamkeit und die Hoffnungslosigkeit spüren, werden Sie die Unschuldsvermutung zu schätzen wissen und jetzt merken, dass die Freiheit eines Menschen unantastbar sein sollte, solange seine Schuld nicht zweifelsfrei bewiesen ist. Sie würden sich darauf berufen, in einer Demokratie zu leben, in der die Würde des Menschen das oberste Prinzip ist und die die Unantastbarkeit garantiert.

Halloween ist ein faszinierendes Ereignis, zumindest in Amerika. Doch der Hype schwappte auch nach Deutschland über. Ich weiß, dass sich viele Menschen, mehr Kinder als Erwachsene, Masken aufsetzen oder ein selbst gemachtes Kostüm anziehen, um von Haus zu Haus zu gehen, um für Süßigkeiten zu singen. Mittlerweile sind die Kostüme ziemlich kostspielig geworden und womöglich werden sie sogar für die Nacht aus dem Kostümverleih bezogen. Die Menschen verzieren ihre Häuser mit raffinierten Halloween-Dekorationen mit leuchtenden Lichtern und heulenden Lautsprechern. Da gibt es Kürbisköpfe, nachgemachte Spinnweben, Grabsteine, Skelette und man hören gruselige Musik. Überall flackernde elektrische Kerzen, Puppen in alten Kleidern hängen an den Ästen der Bäume, manchmal mit einem Messer in der Brust. Es erinnert an ein göttliches Fest, dem die Gottheit fehlt. Wenn Halloween Religion an sich hat, so ist es schwer zu sagen, wie die betreffende Religion aussehen könnte. Nicht besonders nett, nehme ich an. Vor Jahren kaufte man sich mit etwas Naschwerk von den Besuchen der Dämonen los und schlimmer noch: Mit ihren Grabsteinen, ausgestopften Leichen und den Soundeffekten von knarrenden Türen, Schreckensschreien und Wolfsgeheul versuchten sie die Dämonen, die zum Bonbonsammeln kamen, zu erschrecken. Halloween hat eine irrwitzige Hektik bekommen, als ginge es darum, den Fürsten der Finsternis persönlich zu umschmeicheln und zu umwerben. Früher gab es Teenagerbanden, die Fensterscheiben mit Seifenschaum einschmierten und Mülltonnen umwarfen. Heutzutage ist dieses Verhalten bösartiger. 2010 wurde in Deutschland ein PKW aufs Dach gelegt, eine Garage ging in Flammen auf und einer jungen Frau wurden die Kleider vom Leib gerissen. Die Behörden hatten das Gefühl, dass dieses Verhalten der Menschen an Halloween dazu gedacht war, eine dunkle Macht heraufzubeschwören, ja diese Macht zu verführen. Und so kam es, wie es kommen musste. In den letzten zehn Jahren an Halloween wurden in den USA mehrere Menschen bestialisch ermordet. Komisch war nur, dass die Täter Halloween-Masken trugen und die Taten mit langen Fleischermessern verübt wurden. Aber dennoch war es wohl ein Zufall, als eines Jahres an Halloween das Unheimliche auch Deutschland erreichte. Es war immer wieder erstaunlich und aufregend, von Insassen aus erster Quelle zu hören, was passiert war. Die Erzählungen gingen bis ins Detail.

So war es auch bei Patrick P., 22 Jahre alt. Er war ca. 1,80 groß und von schmächtiger Statur. Er sah aus wie der Nachbarsjunge, der die Zeitung verteilte oder die Milch ausfuhr. Ich unterhielt mich mit ihm nach dem Besuch, als wir darauf warteten, durchsucht zu werden. Wir waren allein. Wir hatten uns schon öfter unterhalten, aber ich hatte ihn nie gefragt, warum er hier sei, er mich auch nicht. Aber jetzt fragte er mich. Ich erzählte es ihm, schließlich brach er sein Misstrauen und erzählte mir ruhig seine Geschichte. Er hatte eine Freundin, die er liebte. Er dachte, es liefe gut, auch seine

Freundin war glücklich, so schien es zumindest. Aber irgendwann bemerkte er Veränderungen in ihrer Art. Er hatte ein komisches Gefühl und einen Verdacht. Er wollte es einfach nicht glauben, also beschattete er seine Freundin, ohne dass sie es merkte. Seine Freundin traf sich mit seinem besten Freund. Aber nicht in irgendeinem Café, sondern heimlich in seiner Wohnung. Dennoch wollte er es nicht glauben. Er stoppte einen Moment, schluckte kräftig, holte tief Luft und erzählte weiter. Er ließ sich nichts anmerken und sagte zu seiner Freundin, dass er für ein paar Tage wegfahren würde. Er wollte sicher sein, also spielte er ein Spiel. An dem Tag betrank er sich vorher, weil er es nicht verkraften würde, wenn sein Verdacht stimmen sollte. Er trank sehr viel, bis es Abend war und er sturzbetrunken nach Hause ging. Er ging die Treppen hoch, alles drehte sich. Er öffnete die Tür und ging so leise wie möglich hinein. Als er in der Wohnung stand, hörte er Stimmen, aber diese Stimmen unterhielten sich nicht. Ihm wurde heiß und kalt, als er in das Schlafzimmer schaute und sie in flagranti erwischte. Die beiden sahen und hörten ihn aber nicht. Er ging in die Küche, griff sich ein langes Fleischermesser und setzte sich die Maske auf, die an der Wand hing. Er wollte unerkannt bleiben. Mit der Wut eines explodierenden Vulkans stand er mit dem Messer in der Tür. Seine Wut verstärkte sich, als seine Freundin ihn plötzlich sah und fragte, was er hier wollte. Die Szene erinnerte an den Horrorstreifen „Halloween", in dem Menschen von einem Psychopathen mit einer Maske und einem langen Messer abgeschlachtet wurden. „Ich wusste nicht mehr, was ich tat. Ich stürzte mich auf die beiden und stach einfach drauflos. Immer und immer wieder. Sie schrien um Hilfe, aber das hielt mich nicht auf. Es war so, als wenn ich neben mir stand und die Szene beobachtete. Ich erwischte ihn am Bein und am Kopf, er musste genäht werden, habe ich gehört. Ich sah nur das Blut." Patrick weinte wieder los. „Warum hat sie mir das angetan?" Ich beruhigte ihn, dass es nicht so schlimm wäre, weil niemand gestorben war.

Verbrechen passierten immer wieder. Sie konnten abstoßend sein, ekelhaft, widerwärtig. Aber ein Mensch, der sie beging, war noch immer ein Mensch, so die Theorie. Das war die Grundlage der deutschen Verfassung. Menschen konnten scheitern, sie konnten morden, aber deshalb war die Welt der Strafjustiz keine Welt des Ekels. Sie war interessant und hatte nichts Abstoßendes. Die meisten Verbrechen waren nicht spektakulär, sie wiederholten sich nur. Das Gefährliche dabei war, es waren normale Menschen, die zu allem fähig waren. Sie arbeiteten an der Kasse, im Plattenladen, verkauften morgens nett lächelnd Brötchen oder lieferten Pizza. Es waren ganz normale Menschen, die plötzlich Dinge taten, die aus dem Rahmen fielen. Wenn jemand seine Frau umbrachte, dann kam es darauf an, ob er sie zerlegt oder zerhackt hatte. Wenn er sie zerhackte, dann in einem wahnsinnigen Ausbruch, nachdem er 40 Jahre in dieser Ehe gequält worden war. Die letzte Beschimpfung einer Frau war für ihn zu viel gewesen. Es war wie eine Explosion eines unter Druck stehenden Kessels. Also alles andere als ein kaltes Morden und ein sorgfältiges Zerlegen. Ein Anwalt kann nur herausfinden, was den Mann zu der Tat gebracht hatte. In der Schweiz heißen Anwälte Fürsprecher. Ein Anwalt spricht also für seinen Mandanten. Die Tat mag scheußlich erscheinen und absurd. Aber sie geschieht nicht aus dem Nichts. Wieso tun Menschen das, was sie tun? Ein Anwalt findet das nicht richtig, was sein Mandant getan hat, er beschreibt nur, wie es dazu kam. Da gibt es keine moralischen Fragen. Es geht nicht um Gut oder Böse. Er erzählt die Geschichte des Angeklagten und wie er dazu kam. Er verteidigt nicht seine Tat, sondern einen Menschen. Die ersten Fragen in einem Prozess lauten immer: Kann man die Tat dem Angeklagten nachweisen? Reichen die Beweise, die Polizei und Staatsanwaltschaft zusammengetragen haben? Ob der Angeklagte der Mörder ist, ist für den Anwalt nicht wichtig. Entscheidend ist nur, ob der Rechtsstaat ihm die Tat nachweisen kann. Gelingt das nicht, muss er freigesprochen werden, so die Theorie.

Hans war ein Insasse auf meiner Abteilung, den ich gut kannte. Er war kerngesund und trieb viel Sport. In jeder Freistunde lief er – bis zu dem Tag, als er Schmerzen hatte. Ich fragte ihn, was los sei. Er sagte, dass er Schmerzen hätte und beim Arzt gewesen sei. Sie hätten ihm Ben-u-ron-Tabletten gegeben, die aber nicht halfen. Weitere Untersuchungen wurden nicht gemacht. Von Tag zu Tag sahen wir alle, wie Hans langsam zugrunde ging, weil er starke Schmerzen hatte. Wochenlang lief er fast täglich zum Arzt, der ihn vertröstete und wieder in seine Zelle schickte. Die härtesten Schmerzmittel wie Ibuprofen und Tramal halfen ihm auch nicht. Spätestens als er ein Morphium-Pflaster bekam, hätten die Ärzte merken müssen, dass etwas nicht stimmte. Hans konnte nicht mehr richtig laufen vor Schmerzen. Seine Schritte waren klein und langsam, er ging nach vorne gebückt, weil die Schmerzen in seinem Rücken ihn nach vorne zwangen. Er konnte sein Abendbrot nicht mehr holen, da er nicht mehr die Treppen heruntergehen konnte. Das Abendbrot brachten wir ihm nach oben. Wir mussten ihn abstützen, wenn er zum Arzt musste. Die Ärzte schoben es auf die lange Bank, da sie dachten, dass der Schmerz von ganz alleine vergehen würde, sie irrten sich. Hans erzählte uns, dass er Heroin konsumierte, um den Schmerzen zu widerstehen. Er stritt sich täglich mit den Beamten und schrie vor Schmerzen. Die Beamten konnten nichts dafür, da die Ärzte es völlig ignorierten, wenn es Insassen schlecht ging. Dann wurde Hans ins Krankenhaus eingeliefert. Ich hörte von Holger, der Hans im Krankenhaus besuchte, dass der Arzt es nicht fassen konnte. Hans hatte Krebs. Nach einigen Tagen erfuhren wir, dass Hans verstorben war. Ich dachte daran, wie kurz das Leben in dieser Anstalt sein konnte. Die Anstalt war für den Tod von Hans verantwortlich. Ich gab eine schriftliche Info an seinen Anwalt ab.

Erst jetzt, nach vielen Jahren und den Anschlägen in Paris, in Istanbul oder Berlin erinnerte ich mich an einen ganz bestimmten Vorfall. Er war Deutscher und nannte sich Yunus. Er war zum Islam konvertiert. Auffällig an ihm waren sein langer Bart und seine Kleidung. Er passte nicht in unsere Zeit. Als ich ihn in seiner Zelle besuchte, fielen mir zwei

Fotos auf, posierend mit zwei weiteren Freunden vor einem alten Jeep. Sie waren alle bewaffnet. Ich fragte ihn, wo das war. Er antwortete: „In Syrien."

„Interessant", sagte ich zu ihm. „Wann warst du da?"

„Die Fotos haben wir vor einigen Monaten gemacht", antwortete er. Er holte einen alten Karton hervor mit vielen anderen Fotos. Auf den Fotos waren viele junge Männer, die vor einem alten Panzer lächelnd in die Kamera schauten. Er erzählte mir, dass der Islam ihm mehr gebe als das Christentum und dass auf ihn im Himmel viele Jungfrauen warteten. Ich musste schmunzeln, aber verkniff es mir. Er war ca. 25, sah wegen seines langen Barts aber viel älter aus. „Wenn ich hier raus bin, werde ich wieder nach Syrien gehen und mit vielen anderen für meinen Glauben kämpfen." Er war ein Einzelgänger und hielt sich von allen Gefangenen fern. Er war nur eine Woche auf der Durchreise. Wohin habe ich nie erfahren, da er nicht sehr gesprächig war. Wenn ich jetzt nach vielen Jahren an unsere Begegnung denke, wird mir ganz komisch, denn er könnte vielleicht irgendwann ein Attentäter sein, der unschuldige Menschen mit einer Bombe in die Luft jagt. Oder hatte er es schon getan? Vielleicht war er aber nur einer von vielen, der zum Islam übergetreten ist, ohne einen schlechten Gedanken zu haben.

Schlusswort/Plädoyer

Ich weise noch einmal darauf hin, dass alle Verbrechen in diesem Buch vor vielen Jahren verübt wurden und die Personen, die sie ausgeführt haben, bereits entlassen sind. Falls in meinen Erzählungen Hinweise auftreten, die eine Person belasten könnten, bitte ich zu beachten, das nach deutschem Recht niemand ein zweites Mal für dasselbe Verbrechen verurteilt werden kann. Alle Namen wurden von mir aufgrund der Persönlichkeitsrechte geändert. Meine Quellen: Anklageschriften, die Zeugenaussagen in den Anklageschriften, die Aussagen der Täter (ohne zu wissen, dass sie in einem Buch festgehalten werden) und das Urteil.

Falls Sie Fehler entdecken, bitte ich dies zu entschuldigen. Fehler gehören zum Leben dazu. Ich wollte kein perfektes Buch schreiben, nur ein ehrliches. Die Wahrheit über eine Zwangsgemeinschaft mit Mördern, Kinderschändern und Drogendealern, die knallhart vor Gericht schweigen und nur ehrlich sind, wenn sie unter Gleichgesinnten sind. Und über die Situation in einer Haftanstalt in Deutschland, in einem Land, wo Menschenrechte großgeschrieben und Gesetze gebeugt werden. Eine Grauzone, in der eigene Gesetze herrschen. Unglaublich, aber wahr.